# 燕归来

Lisa Lu

卢燕——著

上海交通大學出版社
SHANGHAI JIAO TONG UNIVERSITY PRESS

**内容提要**

本书是著名演员卢燕的自传。卢燕1927年出生于北京，曾在上海交通大学学习财务管理；后随家人移居美国，开始了她的演艺生涯，成为最早进入好莱坞的华裔女演员之一。其少年寄住梅兰芳府邸，称梅师“寄爹”，并随其学艺，奠定了戏曲基础，拓展了银幕外的舞台。她一生耕耘艺坛，既是最早引荐中国电影进入好莱坞的人，也是早期将好莱坞电影推荐给中国观众的人；同时还是奥斯卡金像奖的终身评委，为中美电影文化交流作出重要贡献。本书讲述了她的人生经历，图文并茂，还收录了影视文化界友人为其写下的文章若干，全面展现了一位跨越世纪的女性影人的风采。本书既为喜欢卢燕的观众和影迷全面展现了她的人生经历，也能让对电影史感兴趣的读者获得一段丰富生动的影史资料。

图书在版编目（CIP）数据

燕归来 /（美）卢燕著. -- 上海 ：上海交通大学出版社，2024.9（2025.2 重印）
ISBN 978-7-313-24749-0

Ⅰ. ①燕… Ⅱ. ①卢… Ⅲ. ①卢燕-传记-画册
Ⅳ. ①K837.125.78-64

中国版本图书馆CIP数据核字（2021）第040931号

燕归来
YAN GUILAI

著　　者：卢　燕
出版发行：上海交通大学出版社　　地　　址：上海市番禺路951号
邮政编码：200030　　电　　话：021-64071208
印　　制：上海雅昌艺术印刷有限公司　　经　　销：全国新华书店
开　　本：889mm×1194mm 1/16　　印　　张：19.25
字　　数：264千字
版　　次：2024年9月第1版　　印　　次：2025年2月第2次印刷
书　　号：ISBN 978-7-313-24749-0
定　　价：189.60元

# 作者简介

卢燕（Lisa Lu），美籍华裔女演员，美国奥斯卡金像奖终身评委。1927 年 1 月出生于北京市，祖辈系广东中山望族，父亲曾就读于保定军校，后经商，母亲是享有“坤伶须生泰斗”美誉的京剧名角李桂芬。少年时随父母南下躲避战乱，寄居在上海梅府（梅兰芳府邸）九年。1945 年，从上海裨文女子中学毕业，考入上海圣约翰大学。同年，转入交通大学（今上海交通大学），就读于财务管理系。1947 年，卢燕移居美国檀香山，在夏威夷大学攻读财务管理专业，为了生计，兼职图书馆管理员、报馆记者、普通话教师等，后在医院找到一份出纳工作，并最终升任医院财务总监。1956 年随丈夫迁居加利福尼亚州洛杉矶，后进入帕萨迪纳戏剧学院表演系进行深造，因成绩优异，担任毕业话剧《八月茶室》主演。

1958 年，卢燕出演个人首部电影《飞虎娇娃》，以崭新的东方女子面孔在美国好莱坞亮相。1960 年，主演美国电影《山路》，随即在美国好莱坞打开知名度。在参演了多部美国电影和电视剧后，卢燕的演艺重心开始向中国转移。70 年代，卢燕先后凭借电影《董夫人》（1971年）与《倾国倾城》（1975年）获得两次“台湾电影金马奖最佳女主角奖”，凭借古装战争电影《十四女英豪》获得“台湾电影金马奖最佳女配角奖”（1973年），凭借古装电影《瀛台泣血》获得亚洲电影节杰出成就奖（1976年）。1988年，担任美国奥斯卡金像奖最佳外语片评审执行委员。1994年，担任美国奥斯卡金像奖终身评委，是担任该职务的首位华人。

卢燕是位高产的演员，自1980年至今，在美国、加拿大、中国等地先后主演并参演的电影、电视剧不计其数，代表作有：《末代皇帝》《最后的贵族》《喜福会》《色戒》《姨妈的后现代生活》《团圆》《摘金奇缘》《侗族大歌》《追光万里》《红楼梦之金玉良缘》《海上密室谋杀案》。其中，2011年，凭借剧情电影《团圆》获得第三届英国万像国际华语电影节最佳女演员奖。

进入耄耋之年的卢燕，除了出演电影、电视剧，也频频亮相话剧舞台，常年奔波于中国各地，出演话剧《如梦之梦》《德龄与慈禧》两台大戏。

卢燕是最早引荐中国电影进入好莱坞的人，也是最早在《环球银幕》画刊用文字将好莱坞电影介绍给中国观众的人，因此被誉为“中美电影文化交流使者”。因在中美电影领域的突出贡献，先后获得亚美音乐演艺基金会、华鼎奖、金色银幕奖、华人榜颁奖礼、美国休斯敦国际电影节等主办方颁发的“终生成就奖”。

# 序　一

经过多年酝酿，九十八岁高龄的上海交通大学校友、奥斯卡金像奖终身评委、上海白玉兰戏剧奖得主卢燕学长的自传《燕归来》，将由上海交通大学出版社出版。

一直以来，卢燕学长心系母校，为母校发展事业倾心尽力。她多次慷慨解囊支持母校建设，为交大学子追寻电影艺术梦想提供资助，助力学校优化校园环境设施、提升文化艺术教育能力。她曾先后两次将珍藏的文献实物捐赠母校，丰富学校档案文物馆藏，促进艺术人文学科发展。由她捐建的“燕云亭”，成为交大学子在思源湖畔晨读的宝地。

本书生动展现了卢燕学长的传奇人生，记载了她六十余年银幕生涯的闪亮足迹、宝贵瞬间和艺坛情缘。从《雷雨》里的四凤，到奥斯卡首位华人评委，她以东方女性的典雅闪耀于星光璀璨的好莱坞，成为中外文化交流的使者。她勇于挑战自我，执着追求梦想，塑造了丰富多彩的经典荧幕形象，并获得联合国国际和平艺术奖。她广泛的社会影响力和出众的人格魅力,绽放着耀眼的光辉。

燕云思源湖中树，鹤翔紫气东来门。跨越三个世纪的上海交通大学，诞生于民族危难之际，成长于中华崛起之时，兴盛于祖国富强之日。近一百三十载办学历程，充分展现了科学精神和人文精神相结合的人才培养理念。在学校培养的四十余万校友中，不仅有钱学森等一大批贡献卓著的科学家，也有李叔同、卢燕等一大批近现代文化名人。他们用追求和汗水书写了交大人饮水思源、爱国荣校的光荣传统和历史文脉。相信本书的出版，能为讲好交大人故事、传承交大文脉发挥积极的作用，激励广大青年学子树立高远志向、担当时代使命，在矢志奋斗中谱写新时代的青春之歌！

是为序。

上海交通大学党委书记　杨振斌

# 序二

1982年我还在NYU（纽约大学）电影系做学生时，中国同学会请到我的偶像作家白先勇先生，带着他的名作《游园惊梦》的舞台剧录像到学校来座谈。对我来说这是很宝贵的一次学习经验。同行的还有女主角卢燕和夏志清教授。

这是我第一次见到Lisa，她的风范和古典的气质留给我很深刻的印象。想当年在台湾做学生的时候，看她主演《倾国倾城》的慈禧太后，总觉得她好像真的是正牌太后，似乎前人演过的俱不够味(气质)。当然在"惊梦"中她唱作俱佳的舞台表演也让后辈的我开眼。

会后，我和所有年轻学子一样，死缠着这些偶像不肯离去，我厚颜邀请他们三位到几条街外的电影系去看我的学生电影《荫凉湖畔》，他们三位居然一口答应，并信步走到电影系的放映室，让我放学生习作给他们欣赏，并给我指导和鼓励，可想年轻的我有多么感动。

1988年我写了一个电影剧本《喜宴》，我与制片人一同去洛杉矶找刚演完《末代皇帝》的当红影星陈冲，请她演女主角，她的好友 Lisa 很自然的便在我们的邀请之列，她是演出母亲一角的理想人选。当时对我们这些潜力新锐来说，这都是高攀了，Lisa 还带着我们去见当年主演《末代皇帝》的尊龙。

因缘际会这次合作没有成功，可是在这趟行程里，让我感受到 Lisa 的热心，竭尽所能帮助电影圈的后进。她是极少数早已在好莱坞取得瞩目成就的前辈演员，提携照顾后进不遗余力。往后几年，她更积极努力尝试为我的《喜宴》在美国和中国筹措拍片经费，当年这个影片因为“太中国”，在美国找不到钱，又因为同性恋题材在国内没有回音，但她的热心令我很感动。这些年，她对电影灌注的心力依旧不减，如今也时常会带着后进来和我结识。

Lisa 是好莱坞外国记者协会（原负责评选金球奖）和美国电影艺术与科学学院（奥斯卡奖评选机构）的资深会员，并有自己的专栏和电台节目。每年竞争奖项时期，只要有中文片参赛的，无不见到 Lisa 热心奔走助选。我与许多中国电影工作者都是她长期耕耘灌溉的受惠者。

我见识到 Lisa 热心亦展现她圆熟世故的例子是，1995 年我随影片《饮食男女》参加奥斯卡的颁奖典礼，发行公司好不容易多找了两个座位给我们的演员归亚蕾和杨贵媚，当她们盛装进场时才发现座位排在 Shrine Auditorium（圣殿礼堂）偌大剧院的后排顶端。我太太发现这事，紧张地跑到前座跟我报告，她情愿与她们换座位，但这势必引起旁边美国制片们与他们太太的连锁反应，事关国颜，兹事体大。坐在我们身后的 Lisa 见状二话不说，抓起先生的手就往楼上走去，这件事让我非常感动。

2006 年 10 月，我在港大拍《色・戒》一场大学生演话剧的戏，Lisa 来探班，见到她我突然有一些灵感，一直以来苦无机会与 Lisa 结上戏缘，这次有幸连同陈冲的演出，圆了当年合作之想，为何不邀 Lisa 客串一角？我心中有一角，是女主角舅妈的牌友，戏是落难贵妇，一手打着牌，一手挽着貂皮手笼，台词只有一句，不知

Lisa 愿不愿意？她一口答应，并改动她香港回美的行程，以便一月后在上海为我们拍一天戏。

拍戏当天，我记得是很冷的日子，现场是在上海制片厂一个石库门民宅街景，剧情是抗战时期几位落寞贵族在石库门式民宅狭窄的二楼通宵打麻将。上楼的楼梯很窄很陡，我真的很担心 Lisa 上下很不方便，需要前后一人扶着。八十岁的 Lisa 精神好得很，上下自如，那一桌麻将有她一坐，斯是陋室，贵气自来。Lisa 在冷空气里工作一整天，精神抖擞，兴致极高，一点也不为意。

我领着女主角汤唯指给她看，我说：好好观察，从前人气质的标准就是这样！

Lisa 雍容、大方、温馨、热情、世故、规矩，一举手一投足的风范气韵，一言一行的善心好意，是古典中国世故人情的写照，是一个活生生的中国女子典范，是我们对古典中国向往的实例。恐怕不及时捕捉这些东西，它将随风而逝。

很高兴自己这一生中能有这些与 Lisa 亲近的机会，耳濡目染她的风范。新近获知 Lisa 的自传《燕归来》在历经十年打磨后终于付梓出版，非常为她高兴。这是 Lisa 自己的史诗，也是华人百年电影史的缩影。Lisa 是亲述者，也是亲历者。而我作为晚辈，能受邀为一位如此厚重的自传作序，深感荣幸，也愿 Lisa 的自传能为更多人带来鼓舞和希望。

李　安

# 目录

## 上 篇

## 下 篇

# 上篇

第一章

# 膝下有明珠

腊月的北京，草木已无秀色，北风凛冽，街道清冷，倒是镇天被灰尘泥土蔽蒙的街市胡同经过几场雪的粉妆玉琢，另有了一番静白的余韵。

我就出生在这样一个隆冬的季节。生辰旧事，所有记忆都源自母亲的描述，母亲说我刚出生那会儿，双目炯炯，哭声特别清亮，家里老老少少得闲就过来抱我、哄我、逗我，怜爱备至。

那是 1927 年的 1 月，农历丙寅年腊月初五寅时，在北京城南棉花上七条的四合院里，我闻到了来自人世间的第一缕尘香。其时政局动荡，但我人生的第一个除夕，在我们这个大家族的四合院里，仍是一派祥和欢乐。年三十儿的爆竹声在空中彻夜欢动，炸出满天的火星子。听母亲说，尚在襁褓中的我并没被这些吓得哇哇大哭，而是两只眼睛随着声音和烟火骨碌碌地转着，一副应接不暇的样子。长辈们见我这个样子，都稀罕得不得了，有位舅母对母亲说，这孩子不愧生在虎年寅时，虎虎生威有贵气，备不住将来跟你一样，要成角儿。

母亲那会儿只当这是亲戚们过年说的吉利话儿，她和父亲只想着天下能太太平平，他们的女儿能健健康康、平平安安长大就好，倒并不想让我吃演戏这碗饭。那之后的时光，我就仿佛双亲掌上的一颗明珠，每日承欢膝下，父母的疼爱给了我一个温暖福乐的童年。

## 商贾从文

我的祖父卢振笙，原籍广东中山，是当地有名的茶商，在福建的福州等地设有

我父亲卢家駷，摄于1925年。

茶场，由于经营有道，慢慢儿攒下了一些家底儿，到了清朝的光绪年间，家境已经十分殷实了，当地人都称他“卢百万”。

祖父生了五个儿子，我的父亲卢家駷，号叔勤，是祖父的第四个儿子，生于1886年（清光绪十二年）。祖父虽为商贾，却不想让子承父业，一心希望把他们培养成文韬武略之才。在祖父的教育下，我的大伯父卢家驹步入仕途，曾任中山县县长；五叔加入了海军，而我的父亲则进了保定陆军军官学校，他是第二期的学生。保定陆军军官学校后来出了很多著名将领，像历史书上提到的邓演达、顾祝同、张治中、陈诚等，它与黄埔军校也有一层师生关系，黄埔军校的教材基本上都是沿用保定军校的，而且黄埔军校建校之初，许多保定军校的同学都先后赴黄埔军校任过职。

2012年底，我去河北游历，特地去探访了保定陆军军官学校旧址，期望在保定陆军军官学校纪念馆里寻访到父亲曾经就读过的痕迹，可惜一无所获。

父亲个子很高，相貌英俊，仪表堂堂。即便平日里，他的穿着也非常体面和考究，言谈举止也颇有魅力，是那个年代典型的公子哥模样。在我儿时的记忆里，夏天父亲总会着一袭白色长衫，料子和做工都出自瑞蚨祥，头戴用麦秸编织的巴拿马草帽，冬天则穿着精致的貂皮大衣，气度不凡，谈笑风生。

出身行伍的父亲还喜好文学，上知天文下知地理，谈吐时引经据典，也不失风趣幽默。父亲周围的朋友都喜欢听他讲话，与他交往。父亲虽喜欢我，但常常是弄儿为乐，鲜有对我的教导。

父亲除了文学功底很好，经过军校正规训练的他还精通骑射之术，正因为这样的性格和气质，他得以四海结友，人面甚广。然而也由于这样的性格和气质，让他越来越厌倦作为陆军军官那种纪律严明甚至有些枯燥的生活，对官场沉浮更是兴味索然。渐渐地，他热衷的只剩下了享受，起初只是逛逛戏院看看戏，和朋友一道下下馆子，谁料后来竟然染上了鸦片……

祖父家教甚严，当他得知父亲吸食鸦片之后非常生气。原本他对这个儿子还是寄予厚望的，期盼他能扬名官场，光耀门楣，如今也不再提这茬儿了。他勒令父亲戒掉鸦片。可是，戒鸦片谈何容易？父亲从少时开始就离家闯荡，早已习惯了自由自在、尽情享受的日子，心也如毫无羁绊的野马，很难收回了。

为了避开祖父的管束，父亲提出到北京开一家百货公司，自个儿创业。那个年代，中国的百货业刚刚兴起，从海外淘到第一桶金的广东人纷纷在香港和广州盖大楼开百货公司，引领风气之先，父亲的乡党马应彪和郭乐、郭泉兄弟还将生意扩大到上海，在南京路上先后开了先施和永安百货，大获成功。父亲一来被他们的淘金梦诱惑，二来也想避开祖父，就对祖父说北京还没有这样的百货公司，他想到北京去开一个，还跪在祠堂里对着祖父和列祖列宗的牌位发誓从此改邪归正，保证把鸦片戒掉。祖父为之所动，思忖再三，从多年积攒的家底儿中，拿出一笔钱，给了父亲。于是父亲怀揣这笔“天使创业资金”，踏上北上的火车，如愿到了北京。

## 家有梨园

我的外祖父李子仪是一位酒商，一直在北京做酒生意。他原籍山西汾阳，就是《汾酒曲》中的“ 沽道何妨托一廛，家家酿酒有薪传”的汾酒故乡。我外祖父的家业虽不如祖父那样兴旺，却也衣食丰足。外祖母生了六个孩子，两个女儿四个儿子，我母亲李桂芬是长女，1901 年出生在北京。

外祖父喜好艺术，尤其热衷于听戏、唱戏。不过，与一般票友不同的是，他还有一个特别的爱好——录音。只是那个时代的录音技术与现在的数字录音不好比。那会儿声音纯粹是用物理机械的方式录制的，用两三个大喇叭对着唱戏或发声的人，那样子有点像如今的麦克风。这些喇叭将声音拾取进去，然后传送到机器上的金属振膜，再由振膜驱动刻纹刀，把声音的波形刻制在蜡制盘子上，俗称蜡盘录音。后来人们都管唱片叫“唱盘”或“唱碟”，我猜就是打这儿来的。

蜡盘录音在当时算是很新潮、很“高科技”的玩意儿了，外祖父也因此结交了很多梨园的朋友。我母亲跟我说，那时北京梨园的许多名角儿都喜欢到外祖父家里去唱戏、录音。而我母亲打小儿就听着那些个咿咿呀呀的声音，在这种环境的熏陶下，渐渐对京剧艺术产生了浓烈的兴趣和爱好。

那会儿新文化运动和五四运动都还没开始，传统人家讲的还是老辈儿人传下来的礼数，女孩是不兴抛头露面的，更不允许到戏园里听戏。但是，外祖父非常开明，他见母亲对京戏这么痴迷，就把她打扮成一个男孩的模样儿，常常带她到戏园子里去看戏。

母亲看完戏回来就学着唱，京剧里生旦净末丑这些行当，她最喜欢老生的戏。一开始外祖父也没请专门的师傅教她，但母亲天赋异禀，听了戏或听了录音之后就能唱，而且唱得韵味十足，一招一式瞧着也蛮像那么回事儿。

在外祖父结交的那些梨园朋友里，不少名角儿觉得我母亲嗓子亮堂，建议她学唱刘派（刘鸿声[1]），刘派以行腔高亢为特色，必须是天生的好嗓子才能唱，但我母亲自有主见，她更喜欢谭派（谭鑫培[2]）的铿锵有力和声情并茂，于是就开始仔细揣摩谭、刘两派，盼着有朝一日自己也能像两位名家那样戴髯口，穿皂靴，登台表演，博它个满堂彩。

母亲这个想法得到了外祖父的支持，却遭到了我叔祖们的强烈反对。在那个不

1. 刘鸿声，1879–1921，北京顺义人。早期京剧老生名家，以嗓音高亢、挺拔、流利而著名，形成自己的艺术风格，世称刘派。

2. 谭鑫培，1847–1917，籍贯湖北黄陂，著名京剧演员，主攻老旦兼老生，创立了京剧史上第一个老生流派——谭派。

开明的时代，女人甭说唱戏了，听戏都被认为是有辱门楣的大事。叔祖意见和祖父不合，关系也越闹越僵。直到后来我母亲艺声鹊起，名满京华，享有“京剧坤伶须生泰斗”的美誉后，叔祖们才不再反对。

母亲小时候没有机会读书上学，因为那时候人们恪守的都是老祖宗留下的老规矩，认为“女子无才便是德”。外祖父家也不例外，家里为男孩子们请了教书先生，而母亲和她的堂姐妹们自小便被要求在闺房里学习女红。可是天资聪颖的母亲特别渴望念书，就想尽一切办法旁听偷师，久而久之，集腋成裘，亦习有多得，养成了深厚的国文功底。

她特别爱好诗词，不过与其他喜欢吟诗弄曲的女子不同，母亲并不喜欢那些个深闺中伤春悲秋的哀叹，而是对一些有豪放气概的诗词情有独钟，特别是宋代的一些词人，辛弃疾、苏轼，还有名将岳飞的名篇她都能出口成诵。母亲的书法也是一绝，因为自幼习字，有多年的临摹功夫，写径尺大字，苍劲雄浑，可谓字如其戏。

我还能回想起儿时陪母亲写字的时光，站在她身旁，为她研墨，看她拿起一支饱满的毛笔，在砚台上轻轻地蘸几下，然后提笔悬腕，不疾不徐，笔锋带着墨色，像她唱戏一样一板一眼，落在宣纸上。阳光透过窗棂在屋子里洒下一束束光，母亲站在光影中伏案挥毫的样子，至今都是我脑海里最温馨的儿时画面，每次想起，我甚至还能回味起那缕墨香。

母亲唱戏成名后交往的友人中不乏诗画名人，母亲的书画作品同她的戏曲一样，备受赞誉。她甚少参加堂会，但多次参加赈灾义演。义演，当年在梨园行有一个专

我母亲李桂芬享有“京剧坤伶须生泰斗”的美誉，其时正当盛名。母亲平时穿着前卫，照片中的衣服是她自己设计的。

门的名词——“义务戏”，顾名思义就是尽义务，不取报酬，一般由梨园公会出面组织安排。有一年，北京冬令救济灾民义演，母亲献演《戏迷传》，即景生情，当场挥毫，写了“恫瘝在抱” 四个字，现场义卖。这四个字出自《尚书·康诰》，意思是把百姓疾苦放在心里。这幅字被当时的京兆尹（中国旧时官名）王铁珊用五百大洋买了去，为赈灾筹得巨款，一时间传为美谈。

说到这位京兆尹王铁珊，母亲在我儿时跟我讲过好些他的故事，有些是民间传闻。我尚能记起的一个故事是说王铁珊的学生冯玉祥发迹之后，不忘恩师，力邀他出任故宫博物院院长，王铁珊坚辞不受。他的理由是自己一生清廉，不贪，可故宫博物院宝物多，好书也多，而他酷爱书，就算不会偷，可是只要起心动念，他就完了，不配称“完人”了。

我们迁居上海后，母亲登台唱戏的次数较之在京城少了许多，但只要受邀参加义演，她从不推辞。1935 年发生了历史上罕见的大水灾。浙东多地山洪暴发，

周象贤先生送给母亲的檀香扇，上面有他的亲笔题词。现藏上海交通大学校史博物馆。

千里尽成泽国，哀鸿遍野，惨不忍睹，舆论呼吁政府和社会各界予以救援。为此，多名上层人物发起了“救灾义演”活动，在杭州，中国银行杭州分行行长金润泉和杭州市市长周象贤发起组织赈灾游艺会义演。周象贤是浙江定海人，曾就读于南洋公学（交通大学的前身）。民国期间，战乱频仍，各地灾情无已，当时政府力量有限，相比之下，民间慈善赈灾活动更为活跃。当时举办游艺会是最受欢迎的募捐方式之一。从名人名流到慈善机构，从文艺界同人到专门公司，从地方社团到高等学府，为了筹募更多的善款，无数个人与团体举办了形式多样的救灾游艺会。京剧在当时是具有压倒性优势的艺术种类，看戏是最为流行的娱乐方式。上至达官商贾，下到贩夫走卒、引车卖浆者都爱看戏。周象贤是京剧迷，因此他诚挚地邀请母亲参加义演以资广为号召，母亲毫不犹豫地接受了邀请，杭州的民众奔走相告，戏迷们更是欣喜若狂。母亲随同赈灾游艺会浩浩荡荡地来到了西子湖边，这一举动，抖擞了世人的精神，激发了杭州民众的爱国热诚，大家踊跃捐款。义演结束后，周象贤特赠送给母亲一个绿色长方形锦盒，内装一把檀香扇。扇面上有他亲笔题词，云：“民国二十四年秋，苏鲁诸省水灾蔓延数千里，各处发起游艺会集资助振。卢夫人应同人之请，戾止西泠，热心表演唱云一曲，万众欢腾

与卢家族人在苏州参加堂兄婚礼（卢逢清和许锡潜）时合照，我（前排左面一），母亲、父亲（二排左一、左二），同父异母的姐姐卢佩德（亦名卢玉瑶）（最后排左三），姐夫唐榴（前排左四）。

为灾黎造福，实吾杭市民之光荣也。谨制此扇，以留纪念。杭州市市长周象贤谨记。”灾民受福，德音孔昭，这把檀香扇记录了母亲的善举，一直被她精心珍藏，直到 2014 年我将其赠予上海交通大学。

母亲一生见过接触过的达官贵胄不算少，各种逸闻趣事很多，可她能时时挑这种事讲给我听，一定是希望我将来能做个像她一样不起贪念，古道热肠的人吧。

## 缘牵一线

再回过头来说我的父亲，他离开了祖父，来到北京，用祖父给的让他投资开百货公司的钱，终日交友、游乐。不过，有件事他倒是下决心去做了，为了履行对列祖列宗和祖父的承诺，他开始戒鸦片，所以那会儿他每天晚上都会去戏园听戏，借此分散心思，克制自己的烟瘾，度过难熬的时光。

亦是机缘巧合，此时，恰逢我母亲刚开始她的职业京剧生涯，她常在广和戏院登台演出，父亲爱上了母亲的戏，也对她产生了爱慕之心。

听家中长辈说，广和戏院在清朝叫作广和楼，是北京民间开业最早的大戏园之一，在明代中叶就有了，起初并不是戏园，而是一位姓查的富豪建的戏楼，人称“查我的母亲与杜月笙太太姚谷香是好友，两人同时在梨园唱老生。到上海后，母亲常带我去杜家玩，这张照片即我和母亲（右一）拍摄于杜家的合影，后排中为杜太太、拉着我手的是杜太太的母亲。

楼”或“查家楼”。后来在清乾隆年间，这个戏楼遭了场大火，重建后改名叫“金陵楼”，再后来改称为广和楼，开始以演戏为主。清代末年，名噪京城的“喜连成”科班的学生们的实习演出地点就在广和楼，于是它也就成了盛极一时的戏园。广和戏院后来几经重建修葺，就是当今的广和剧场。

母亲告诉我，那段时间父亲总是待到她快要出场的时候才进场，前面的戏他都不看。他每晚都坐在前排的同一个座位上，穿戴整齐，正襟危坐，全神贯注地欣赏母亲的表演，用现代年轻人时髦的话讲就是“粉丝追星”。

女为悦己者容，母亲在台上唱戏，瞧着台下这位相貌英俊、穿着体面的忠实戏迷，自然也心生好感，演唱也愈发妙肖传神。过了些时日，母亲的一个长辈朋友，即郑毓秀[1]的姑姑受父亲之托，就来母亲家说媒了。父亲的家世背景和自身的修养学识，经媒人口里一说，自然是百里挑一。外祖父也不太了解底细，对父亲吸食鸦片的不良癖好毫不知情，加上母亲对父亲亦有不错的印象，外祖父便应允了这门婚事。

其实在遇到母亲之前，父亲已经有过两次婚姻。第一任太太邓氏是广东当地的望族，可惜她生下一个女婴后，在月子里就染疾去世，她和父亲唯一的女儿，也就是我同父异母的姐姐卢佩德，之后被过继给了我父亲的寡嫂。后来，父亲娶了第二

1. 郑毓秀（1891–1959），法文名苏梅，是我国著名的社会活动家、革命家和女权运动倡导者，也是中国近代史上第一位女性博士和第一位女性律师。她的一生充满了传奇色彩，她的故事令人叹为观止。郑毓秀是个有个性的中华女杰。

任妻子华氏，也是当地大户的女儿，谁料这一回还没诞下子嗣就罹患恶疾，撒手人寰。当时有算命的先生说父亲的命硬克妻，他也就未思再娶。离开故乡出来闯荡的那年，他把我刚成年的同父异母的姐姐也带到北京读书。

20 世纪 20 年代还是一个很传统的时代，母亲虽然进了梨园，但到底是大户人家的小姐，自小受教于各种家规祖训，加上她洁身自爱，所以不轻易出来社交。而且她的婚姻观念也颇为传统，按照旧俗习惯，男女不能公开交往恋爱，二人是相识相知还是格格不入，都得等到婚后才会有了解和感受。所以在结婚前，母亲与父亲并不曾真正交往相知过。

父亲和母亲是在 1925 年秋天结婚的。我想他们当时一定是带着对幸福婚姻的憧憬：休戚与共，白头偕老，子孙满堂。然而婚后母亲却发现，父亲虽然外表光鲜，能说会道，却是一个不爱劳作、只热衷享受的人。按照那个年代的传统，女人只能嫁鸡随鸡，嫁狗随狗。母亲想，既然嫁给了父亲，一辈子就只有跟着他，从一而终。也许真是我出生时家中女眷的吉利话儿应验了，我命好，虽然父母二人性格迥异，他们的婚姻生活并不幸福，他们的结合是个错误，但这丝毫没有影响到我童年所得到的关怀和爱护。

母亲爱好诗文，结交了很多诗画名人，她的朋友里有一位叫樊山[1]的诗人，受母亲所托给我取名卢燕香，此名出自唐诗人沈佺期“卢家少妇郁金香，海燕双栖玳瑁梁”之句。卢燕香是我的学名，一直到了美国之后我才改名为卢燕。在家里，我的小名唤作“大宝”，因为父亲说，生了我有如获至宝的感觉。

## 幸福时光

在北京南城棉花上七条的四合院，留下了我童稚时的美好回忆。由于父亲只身来北京，所以我们都和母亲的家人们生活在一起。外祖父在我出生前已过世，我们和外祖母、三舅、六舅，还有大舅、二舅的遗孀和几个表兄都住在这里，这是个热闹的大家庭。

北京胡同带“棉花”二字的不止一条，我儿时住的是骡马市大街以北的那条，如今地图上标记为棉花巷。其实那“条”胡同还包含很多胡同，包括棉花上、下二条，下三条，上、下四条，五条，上、下六条，上、下七条和八条、九条。听长辈们说，这片地区在明朝时被称为棉花地，后来形成街巷，就改称“棉花诸条”。

后来我才知道，这片儿当时是京剧界名流扎堆儿的地方，京城老百姓也叫它“京曲窝子”。有资料记载，棉花上头条住过余叔岩，下二条住过尚小云，下三条住过马连良，上四条住过张君秋，棉花下五条住过叶盛兰，棉花上六条住过赵桐珊，棉花上七条住过裘盛戎，棉花下七条曾是李少春宅院，京派评书代表人物连阔如先生在棉花八条 6 号住过。想必当时那片儿的街坊走在绿树成荫的胡同里，时不时能偶遇这些名角儿，夏天虚掩的宅门深处也不时会传来云板丝弦的悦耳之音。

---

1. 樊山（1846—1931），即樊增祥，清代官员、文学家。字嘉父，号樊山、云门，晚号天琴老人。湖北恩施人。光绪进士，选翰林院庶吉士。历任渭南知县、陕西布政使、江宁布政使、护理两江总督等。喜诗文及收藏书籍、古画。藏书二十余万卷，书画、碑帖之属，十余巨簏。又与上海遗老组诗社名“超社”。著有《樊山集》《樊山公牍》《二家咏古诗》《二家词抄》《东滨草堂乐府》《微云榭词选》等。

我与二表哥林杰（左一）、大表哥李世香（右一）。我们幼年在北京四合院同住，情同手足。

我的表哥李英杰，后改名林杰，是大舅的第二个儿子，一直生活在北京。八十年后，表哥林杰陪我一起去重访故居，原来的地址现在已经改成棉花胡同四号，里面住了十几户人家，院子被分割得七零八落，杂乱不堪，与我记忆里的四合院相比，已然相去甚远。

虽然很多童年的回忆已经模糊，但从我能够拾起的一些记忆片段里，仍然能够感受到幼时生活的惬意与天真。至今看到我幼时拍的那些相片，从那无忧无虑的脸庞上，能读出发自内心的愉悦。

我们当年住的四合院很大，和老北京很多的四合院一样，大宅门进去后的第一道院子，南面一排倒座房，向前经过屏门进入正院。在我的记忆中，院子里有假山、花池和盆景，错落别致。还种有各种花木，梅花、杏花、桃花、海棠花、银杏，一年四季都很好看。正房坐北朝南，东西是厢房。记得家里有很多佣人，有厨师、车夫，还有专门照看我的奶妈。

舅舅们遗传了外祖父的风趣开朗，很会逗乐子，家里充满了笑声。我的三舅舅也热衷戏剧，算得上是我的京剧启蒙老师吧。每天早晨，他都会用戏曲的唱腔变着

法儿地唤我起床，幼年的我，总是笑着睁开眼迎接崭新的一天。

母亲也爱逗乐，她给我买过一个会发声的玩偶，因为太过逼真，每每把我吓哭，我一哭大家就都乐了，现在想来，孩提的我也是母亲的一个大玩具吧。曾经听母亲讲起过，在我两岁的那个夏天，奶妈急匆匆地跑去找她，说“小姐午觉睡得好好的突然找不到了”，奶妈说的小姐就是我。全家人得知我“失踪”的消息急得不得了，发动起来满院子四处找，犄角旮旯都找遍了也找不到。后来，母亲绝望地又回到我住的房间，才发现我被床角的帷幔裹着，还在酣睡中。因为那张老式木床太大了，而我的身量又太小，奶妈才忽视了“藏”在床角帷幔里的那个小人儿。

在那个年代，洋装在京津地区上流社会开始盛行，贵妇名媛们都喜欢像外

▲

我与大表哥李世香（曾在富连成学艺），当时的照相馆大多设有布景、古典的桌椅道具和现代设施，显现出那个时代“中西合璧”的特色。

▲
珠子项链、长袜子，娃娃头，这些在那个年代的小女孩身上很常见。幼小的我注视远方，充满了自信与期待。

国电影里的女明星那样打扮自己，而母亲则洋为中用，她的搭配常常是中西合璧。母亲心思精巧，加上常年受戏曲和书画艺术熏染，有非常好的品位，自然也喜欢装扮我。由于以前没有专门给小孩做衣服的品牌，于是母亲就自己设计，自己画样子送到裁缝店里，让裁缝依着她的“设计图”给我做各种各样的小裙子小衣服，她还到西方人开的店里给我买最考究的镶着各式金边和银边的小皮鞋。

小的时候，她特别爱把我打扮得漂漂亮亮，然后带我去照相馆拍照。父亲资助了一个姓雷的广东老乡开了一家照相馆，购入了当时最先进的照相设备，又有最好的技师，能用摇头机拍摄很多人的集体照，大家都觉得稀罕，有钱人家和爱追逐时髦的青年男女都来尝鲜儿，所以这家照相馆的生意异常红火，政府无论搞什么活动要拍照也指定他家。我小时候就常在那里拍照，直到现在我还保留着儿时拍过的很多照片，感谢这些照片，帮助我回忆那美好却又有些淡忘的童年，有时我也会想，后来我拍电影时对着镜头从来都不慌，或许也得益于那会儿的“训练”。

除了丰足的物质生活之外，我也得到了母亲给我的谆谆教诲。父亲虽然爱我，但他喜欢玩乐，所以我更像是他的一个小玩伴，而不是需要训诲的孩子。在我幼时的记忆里，最钦佩的人一直是我的母亲，她好学向上、勤俭持家，对于需要帮助的人也是古道热肠，乐善好施。我记得她经常对我说：“人家需要帮助，可又不好启口，那咱就不要等人家启口，只要体会到人家有难处，咱就应该去帮一把。”

从小母亲就一直教育我，希望我成为一个积极向上、不自私的人，她自己也一直努力做到这点，成为我最好的榜样。而父亲虽然聪明，自身条件优越，却终日追求享乐，未做成过一件大事，不过他用自己喜爱的方式度过了他的一生。母亲虽然从不在我面前讲父亲的不是，年幼的我在成长过程中，却慢慢有了自己的评判标准，我不想成为父亲那样的人。

尽管父亲有很多缺点，但关键时刻他还是很有民族气节的，日伪统治时期，日方请他做事，他从未答应过。这么多年来，每每想起父亲，我的心里总是五味杂陈，难以描述自己对他到底是什么样的情感。没错，他是有些自我，不思进取，追求享乐，可在我心底还是尊重他、爱他的，我感谢他赋予了我生命，也感谢他对我的疼爱。

幸福的时光总是短暂的，随着政局愈发紧张，家里的生计日渐窘迫，父亲由于吸食鸦片，身体也大不如前。尽管如此，他仍然沉醉于各式享受，呼朋唤友，直至散尽家财。慢慢地，我也开始体会到了生活的艰辛。

第二章

# 没落的贵族

咱们中国人有句老话："由俭入奢易，由奢入俭难"，虽然我幼时的生活谈不上锦衣玉食，但也算衣食无忧，父母也给了我良好的启蒙教育。不过随着大环境的恶化，加之父亲也担不起一家之主的责任，而祖父也不再接济我们，做的饭店生意由于经营不善也是血本无归，渐渐地，我对"家道中落"这个词儿开始有了一些体会。

## 此去南国无归期

1931 年发生的九一八事变，使国内的局势变得日趋紧张，起先是东北三省沦陷，接着日本人为了独占中国，加快了侵略的步伐，逐步攻占华北的大部分土地，之后就一直觊觎北京，逐步形成了包围之势。母亲的很多朋友为了躲避战乱，南下去了上海。在朋友们的劝说下，为了给我一个平和的生活，父亲和母亲也决定带我南下。

在此之前，母亲也事先安顿好了她的家人。我们在南城棉花上七条四合院里的一大家子以前都是靠母亲唱戏养家的，自从大舅二舅相继去世，母亲就鼓励两位舅妈学戏，培养她们自立的能力，她请来了最好的先生来教她们唱戏。大舅妈艺名李慧琴，唱青衣，师从吴凌仙；二舅妈李幼芬学老旦，后来都加入戏班子里成为演员。所以，我们离京时，两个舅妈都实现了生活上的自立，母亲也可以走得安心一些。

我们离开北京那天（那会儿已经改称北平），有好几辆洋车（人力车，也叫黄包车）来拉我们，父亲和母亲带着我，还有奶妈，还有我们的家什行李，那里面有不少是她唱戏的行当，在四合院门口，在家人目送中上了车。

洋车将要驶出胡同时，我听到空中传来一阵阵哨声，抬头找，没瞧见鸽子，倒是目送着一群燕子无声地划过蓝天。风很轻，顶头上空颤颤巍巍飘着一只邻居小伙伴的蝴蝶风筝。一个挑着扁担的老爷爷打我们身边经过，他一头挑着木桶，一头挑着荆条编的筐子，吆喝着“大小金鱼儿嘞”！我认得他的声音，我们四合院花池的金鱼就是从他这儿买的。想到今后很长时间都不能喂我那些金鱼玩伴了，年幼的我禁不住难过起来，泪珠子啪嗒啪嗒往下掉，坐我身边的母亲搂紧我，掏出帕子一边为我擦泪，一边安慰我说：“好了好了，咱家大宝不哭，咱们还会回来的，就像屋檐下的燕子，每年春天不都会回来吗？”

父母带着我还有奶妈到了火车站，一起坐上了去上海的火车。那是我第一次乘坐火车，我只记得车厢里的座席挤得满满当当，都是南下避难的大人孩子。烟味儿、汗味儿、脂粉味儿，还有干粮饼子咸菜各种吃食的味儿混杂在一起，直往我鼻孔里窜。到了夜里，车厢里也不安生，有人打呼噜，有人说梦话，还有比我更小的孩子哭闹，火车轮子擦着铁轨咣咣当当响。依偎在母亲怀中的我当时只觉得这些都很新鲜，一点儿都不觉得辛苦。现在回想起来，大人们那会儿的心情肯定跟我不一样，旅途劳顿不说，他们还要为接下来的日子担心。

火车走走停停，记不清过了多少时日才到上海，父亲母亲和奶妈带着我随人流一起走出当时的上海北站。一出站，我感到自己好像到了另一个陌生的世界。

放眼望去，这里的街面没有北京那种四合院和胡同，倒是有许多木板搭的两层房子，有些房子的窗户外面伸出的竹竿上还晾着衣服。车站四处有人拎着篓子、挎着筐子卖糕饼、糖果和香烟，可他们说的话我一句都听不懂。母亲怕我走丢，一路紧紧拽着我，而我也怕奶妈走丢，用另一只小手牢牢抓住奶妈。母亲后来告诉我，当时我一直对她念叨，千万不能让奶妈走丢，她不识字，也听不懂人家的话，如果她走丢了就没办法活下去了。因为这事儿，母亲后来总夸我是个心地善良的孩子。

刚到上海的我们举目无亲，因为水土不适，我的身体开始生出各种毛病，不是发烧、拉肚子，就是长疹子，而母亲因为以前在北京有奶妈和家中其他女眷帮忙，也没有太多养育孩子的经验，常常手足无措。幸运的是，父亲第二任太太华氏的姐姐，嫁给了大将军李烈钧[1]，生养过很多孩子，那会儿她也住在上海，对我们家甚为尽心。但凡我有个头疼脑热或者身上觉得哪儿不舒服，母亲第一个想到的不是带我去诊所瞧毛病，而是向她求助，而她也会带上一些稀罕的治疗仪器，像雾化器什么的来帮助照料我。

到了上海，父亲依然表现得很阔绰，他在法租界辣斐德路（今复兴中路）辣斐坊（今复兴坊）租了一套三层的洋房别墅，请了好几个保姆。别墅虽然不如四合院那么热闹，但一开始我们全家的生活还算体面。父亲到了上海之后并没有找差事做，全家人的吃穿用度，所有开销靠的还是从北京带来的积蓄。可这毕竟是坐吃山空，如果不善于理财，积蓄是不会创造价值的，总是越花越少。

后来，父亲在租界投资了一家叫“大安栈”的饭店，但他不是个善于经营的人，还特别重“情义”，有些从虹口逃难来的广东老乡来租界投奔他，长期在饭店里免

1. 李烈钧，1882–1946，字协和，号侠黄，江西九江人。青年时期便追随孙中山，辛亥革命爆发后，李烈钧被推任江西都督府参谋长、海陆军总司令，迫使北洋海军主要舰艇宣布起义。1912 年，被孙中山任命为江西都督。

在辣斐德路（今复兴中路）辣斐坊（今复兴坊）的上海弄堂里，与童年的两个好朋友合影。

幼时的我，是个文静的小女孩儿。

费吃住，伙计们也趁其不备，隔三岔五地把原材料偷运出去。到头来，父亲的饭店非但没赚到什么钱，反而债台高筑。有一些凶恶的债主上门讨债，母亲无法应付，就带着我去南京躲避了一段时间。

我们去了南京，住在王宠惠[1]的宅院，王太太朱学勤是我母亲的金兰姐妹。王宠惠的儿子王大闳长我几岁，才华横溢，后来成为一代著名建筑设计师，台北的孙中山纪念馆就是他设计的。

我们在南京住了一阵子就回上海了，可又不敢回辣斐坊的住处，便借住在郑毓秀的寓所海格路的范园（今华山路1220弄）。因为郑毓秀的姑姑是我父母的媒人，她见我父亲吸食鸦片，又因为负债连累了母亲，心有不忍，留我们住下。母亲便做了郑毓秀的秘书，帮她安排打理一些工作事务。郑毓秀是女中豪杰，也是中国第一位女律师，被誉为“民国女侠”，她让我叫她“郑干爹”，叫她的先生魏道明[2]“魏干爹”。母亲给郑毓秀做秘书的事当时在坊间也引起热议，这则消息还上了好些报纸，其中一位记者还玩起了文字花样儿，说郑毓秀和母亲将一起上演“戏法”，取的是“京戏”和“法律”的谐音。

范园很大，漂亮极了，院子里还养着马。那时候常能见到张学良[3]、顾维钧[4]等

1. 王宠惠，1881–1958，字亮畴，广东东莞人，近现代中国法学的奠基者之一；曾任民国政府外交部长、代总理、国务总理。他是民国时期著名法学家、政治家、外交家，曾参与起草联合国宪章。

2. 魏道明，1901–1978，字伯聪，政治家、外交家，曾任民国司法行政部长。

3. 张学良，1901– 2001，字汉卿，奉系军阀首领张作霖的长子，中国近代著名爱国将领。

4. 顾维钧，1888–1985，字少川，中国近现代史上最卓越的外交家之一。

人来“干爹家”打牌。客人们一来，我和大乖姐就匆匆躲上楼。

大乖姐是我在范园的小伙伴，她是郑干爹哥哥的女儿。有一次她不知在哪里弄来香烟，叫上我两个人在院子里偷偷抽着玩儿，结果我俩被呛得又是鼻涕又是眼泪又是咳嗽，印象里那是我第一次做“坏事”。后来我们一起在惠中中学（现今李惠利中学）念书，因我为人过于忠厚总受欺负，大乖姐常为了我出头，教训那些欺负我的人。想必她也遗传了姑姑的行事风范，侠肝义胆。多年后我在美国再次见到郑干爹，尽管她的身体大不如前，但目光一如既往地坚毅。她还跟我说，不希望我因为嫁人就安于俗事，叮嘱我一定要读书深造。

虽然住在郑干爹家里，可以一时避避风头，但欠的债总归要还的。为此，家里只好缩减开销，渐渐地，我们的家从别墅搬到了公寓，不久又从大公寓搬到了一所小房子里，早先雇的佣人也大都辞了，最后只有奶妈跟随着我们。少时的我对经济是没有概念的，直到有一天，母亲让我拿父亲的怀表去当铺，我才真切感受到家中的窘迫。

父亲身体不好，没有工作，还有烟瘾，母亲为了维持家里的生计，教人唱戏，给人做秘书，用微薄的收入艰难地支撑着我们的生活，尽管这样，她仍坚持供我读书。

## 小荷才露尖尖角

我爱表演兴许是遗传了母亲的基因，当然和父母对我的养育方式也有关系。在北京的时候，我们常常是一大家子去听京戏、赏话剧、看电影。到了上海，听戏看剧的机会比在北京时少了许多，但是只要有最新的电影上映，母亲都会带我去看。幼时的我最爱看胡蝶的戏，因为大家都说我长得有那么几分像她。

母亲是个幽默的人，即使境况艰难，她也能找到乐子，而且她搞恶作剧的点子都很新奇。记得有一次，母亲让我穿上父亲的长衫马褂，给我画上两撇小胡子，戴上眼镜和宽檐帽，背对门口，站在高凳上，长衫落下遮住了凳子，这样从背面看，我就像是个打扮得一本正经的成年男人。母亲还专门叮嘱我，等父亲回来的时候再转身，而且一定要慢悠悠地转过身来。那天，父亲回来，母亲在门口故作惶恐地对他说“日本人追来了”，父亲听了立马慌了神儿，我们来上海是为了躲避战乱的，最不愿见的就是日本人。而父亲始终都不愿意为日本人做事，所以，等父亲战战兢兢推开门，看到一个貌似日本军官打扮的家伙正背对着他，着实吓了一大跳。等我故作声势地转过身来，他震惊又诧异的表情逗得我们哈哈大笑。尽管我没有遗传到母亲的幽默，但当她给我扮上的时候，我就开始不自觉地进入角色了，想必这就是我最早接受的演艺训练吧。

在东躲西藏中，我们的家总算安顿下来了，母亲开始帮我张罗读书的事情。在北京的时候，我在北京师范大学附属幼稚园上学，受到了良好的启蒙教育。

来了上海后，当时的法租界有很多法文学校，母亲考虑了很久，还是觉得应该让我先把国文基础打好，于是我被送到了位育小学念书（后转入伟达小学）。我还记得第一天上学的时候，因为听不懂上海话，老师问话，我不敢也不知如何作答，结果就被老师认为是不听话，被关进黑屋子受惩罚。家里人听说我受罚了，怕我吓到，

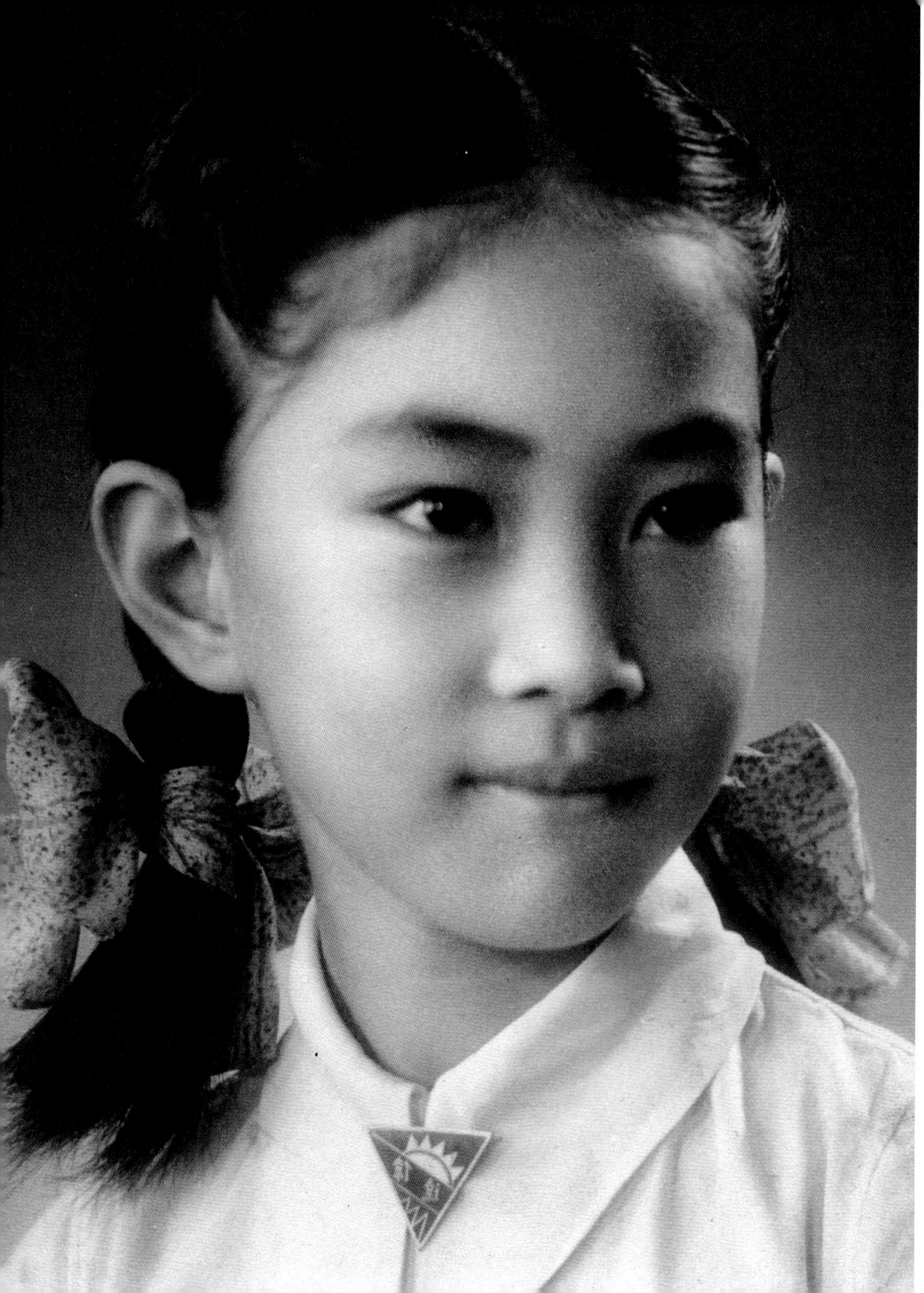

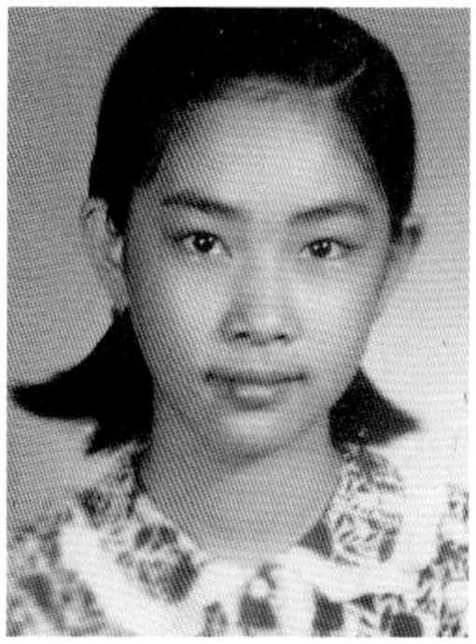

这张照片是我在上海伟达小学读书时拍的，衣领处戴着伟达小学的徽章。

匆匆赶来学校，不料看到我正和其他几个也受罚的小朋友在黑屋子里捉迷藏，玩得不亦乐乎。其实，孩子都是这样，不管在怎样的境遇中，总能寻到属于自己的快乐。

在小学读书的时候，我就表现得特别活跃，常常参加学校组织的演讲比赛，而且总能拿到第一名。此外，学校组织的其他各种文艺活动，我也从不落下，歌唱、舞蹈都会有我的身影，每次登台表演都能够让我感到无比的快乐。我还曾主演过多部歌舞剧，童话歌剧《魔笛》是我小学时代最得意的杰作，在那部剧里我演的是夜女王的女儿帕米娜，她的戏服漂亮极了。

初中我读的惠中中学，是一所美国教会安息浸礼会办的学校。除了传统的课程之外，学校非常重视体育和艺术教育。学校里有篮球队、唱诗班和戏剧社，

初中我就读于上海惠中中学，这是我成长岁月中一段沉静而略带颠沛流离的时光，平时在学校住读，周末回梅府。

我自然也是活跃分子。在学校里我们常常有话剧演出，到了圣诞节还会挨家挨户去唱圣歌。

## 倔强而懂事

因为从小就上寄宿学校，我很早便养成了规律的作息和良好的自理能力。宿舍里每人有一张床和一个柜子，每天早晨 7 点铃响后起床，大家都去公共盥洗室，对着一个偌大的水槽洗漱。第二遍铃声之后就是统一吃早餐的时间，早餐常常有粥和豆浆，还有肉包子、油条之类的，第三遍铃声之后集体去操场做晨操，然后就开始上课了。所有孩子都只有周末才能回家。

每次从学校回到家里，我都会争着帮母亲做一些家务，边做边跟她说学校里发生的各种趣事。我总是会时不时抬眼看她，期望看到她紧蹙的眉头能够舒展开来。家庭的变故让我比同龄人更早成熟，也更加懂事。

邻居家有个叫“三多”的小男孩，和他妈妈住在我们公寓的亭子间里。三多的妈妈姓祝，对我很好，我一直叫她祝干妈。三多因为特别调皮，常常挨打。记得一次我下楼梯碰见他，他手里拿个酱油瓶子往我脑袋上敲了一下，疼得我直淌眼泪，我忍住不吭声，回到家便大哭起来。母亲问我怎么当时不哭，跑回家来哭，我告诉母亲说，我看见三多时常挨打，如果当时哭了，被祝干妈听到了，三多必然又要吃苦头了。母亲叹了口气，轻轻抚着我脑袋上被敲的地方，心疼得直掉眼泪，兴许她是觉得自己的孩子太过忠厚，怕我日后会吃亏吧。

▲
这张照片摄于父亲病重时期，其时家境日渐衰落，童年的我眼神也流露出一丝忧虑。

几十年后遇到我的表哥陈鉴熙，大家一起回忆童年趣事，他讲了一个我早已淡忘的故事。我和表哥曾一起参加一个远房表姑的婚礼，仪式结束后，我们被安排在一个小房间用餐，发现其他客人都被安排用的是西式大餐，而给我们的是简单的中餐，我的倔脾气一下就上来了，说什么都不吃，非要与其他客人一样才行，后来表姑父再三道歉，我才同意进餐。表哥当时说起这个事儿原本是当笑料的，但我想也许正是小时候这样好强、凡事求公平的个性，才让我后来在好莱坞一直坚持为华人演员争取最大的权利。人这一生，很多事在儿时已见端倪。

## 从此相依始漂泊

抗战开始以后，家里也有很多亲戚朋友南迁去了重庆。父亲因为体弱多病，又有烟瘾，就留在了上海。

1939 年，父亲因为肺病在上海病故。父亲在最后的日子里，虽然已重病缠身，但他仍把自己收拾得清清爽爽，只是浑浊的眼睛里再也没有了年轻时的神采。他是怎样的一个人啊，孤傲清高，享受自我，乐得逍遥，度过这若梦浮生，最终黯然离去。

父亲走了，我和母亲只能相依为命，这之后的日子愈发艰难了。

母亲从前在北京组班唱戏的时候，很是照顾戏班里的人。在她组的戏班里，有一位年轻漂亮的满族旗人女孩和她情同姐妹，相交甚好，母亲对她多有提携，也很照顾她。这个女孩就是后来梅兰芳先生的夫人福芝芳，她父亲早亡，和母亲福老太太相依为命，福老太太常带着女儿芝芳到母亲的戏班工作，她们母女俩和我母亲都非常熟稔。

父亲去世的时候，福老太太也在上海，她得知此事，就跟我母亲说："你家丈夫去世了，现在你们母女俩就像我和芝芳从前一样，也是孤儿寡母，不如你们就住到我这儿来陪我吧。"

当时正值抗战期间，梅先生和梅夫人福芝芳带着孩子们都去香港了，福老太太不愿去，一个人留在了上海。母亲思忖了很久，最终还是接受了福老太太的好意和邀请，带着我搬到马斯南路（现今思南路）121 号的梅府，这一住就是将近十年。

在梅府，我和母亲得到了如亲人般的尊重和关照，让我们在那动荡漂泊的岁月里，感受到了安定和温暖。

第三章

# 梅家岁月

在一个地方待多久可以把那里当作自己的家？五年，十年？也许家这个概念本就不该用时间来衡量，哪怕是陋室寒窑，也可能是温暖的港湾，即便是别墅城堡，亦会有破碎的梦魇。

从 1939 年开始，我和母亲就住到了位于上海马斯南路 121 号的梅府，那是一栋法式小洋楼，此后的九年我一直住在这里，直到后来去美国。这九年，梅府上下给了我们母女犹如家人一般的亲情，这里是我温暖的港湾。

## 先生其人

和我家一样，梅先生一家也是抗战爆发后全家从北京迁居上海的。从 1938 年到 1942 年，梅先生为了躲避日本人的纠缠，蓄须明志，在香港半山上的干德道 8 号一套公寓里生活了四年之久，我们入住梅家正是这一时期。

梅府共有四层，底层是厨房和佣人的房间，一层是餐厅和客厅，二层是梅先生和梅夫人的房间，还有一间客房。三层有三间卧房，福老太太和梅家的孩子们都住在这一层，我和母亲搬来后就住在梅先生女儿葆玥的房间。

1940 年，梅夫人带着孩子先回上海了。她和母亲多年未见，却依然亲如姐妹，待我就像亲女儿一样，和母亲一样唤我“大宝”，而我也像哥哥姐姐弟弟们一样，称她“香妈”，称福老太太“鞑鞑”，这好像是旗人对姥姥的称呼。梅家的孩子们与我也是情同手足，四哥叫我燕香，绍武、葆玥、葆玖都叫我卢姐姐。梅先生还请母亲做了葆玥唱戏的开蒙老师，教她唱老生。除了葆玥外，母亲还到其他学生家去

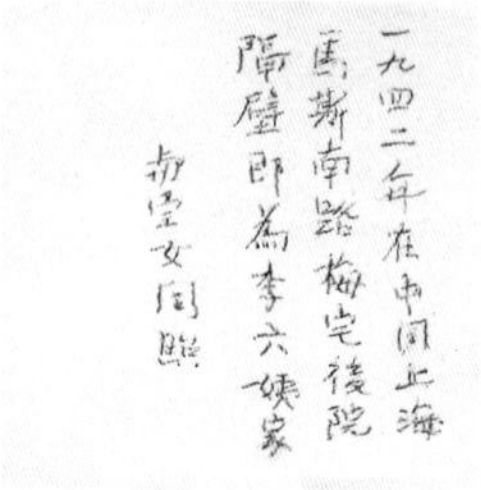
一九四二年在中國上海
馬斯南路梅宅後院
隔壁即為李六姨家
和宝女同照

1942 年秋末，与母亲在马斯南路 121 号（如今的思南路 87 号）梅府后院合影，照片后面有母亲珍贵的题字。

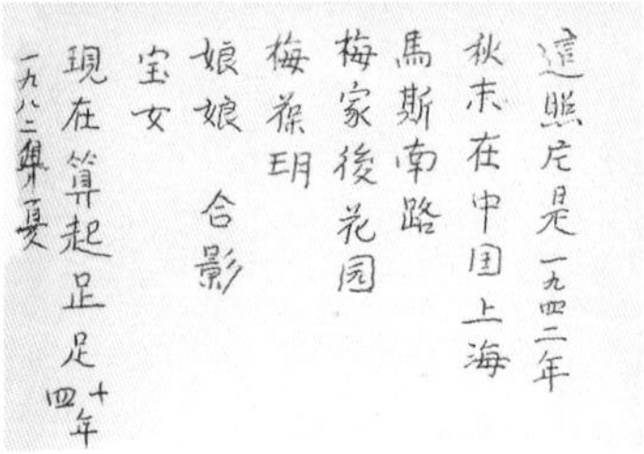
這照片是一九四二年
秋末在中国上海
馬斯南路
梅家後花园
梅葆玥
娘娘 合影
宝女
現在算起足足四十年
一九八二年夏

1942 年秋末，与母亲、梅葆玥在梅家后院的合影。母亲是葆玥学唱老生的开蒙老师。照片后面是母亲的题字。

我的义父梅兰芳先生。

教戏，她教的学生大多是对京剧感兴趣的非专业票友，包括顾乾麟[1]的太太，周信芳[2]的大女儿周彩藻等。

我到梅先生家的时候，刚进入惠中中学上初中，平时住校，只在周末和寒暑假的时候住回梅家。

1942年，在香港居住了四年的梅先生回来了。

记得那个周末我放学回梅宅，发现家里热闹许多，来了很多很多人。母亲引着我和梅先生见面，福老太太和香妈让我拜梅先生做寄爹（义父）。那是我第一次见到梅先生，就觉得书本里说的“谦谦君子，温润如玉”正是用来形容他的。

梅家团聚了，福老太太也有了亲人陪伴，母亲就打算带我从梅家迁出，但是福老太太和香妈非常热情地挽留我们，我们也就却之不恭，留了下来。

虽然梅先生回来的时候我大多数时间都住在学校里，但那段时期正是他蓄须明志、赋闲在家的时期，所以还是经常能看到他的。

1. 顾乾麟，1909–1998，著名实业家、慈善家，叔蘋奖学金创办人。

2. 周信芳，1895–1975，中国京剧表演艺术家，京剧麒派艺术创始人，艺名麒麟童。

左起：我的两个舅妈李又芬、李慧琴、梅先生、我母亲李桂芬。两个舅妈年轻丧夫，母亲把她们纳入剧团，加以培训，鼓励她们自立。梅先生的太太福芝芳女士也曾在我母亲组的剧团里唱过戏。

梅先生是个视野很开阔的人，他广结天下友，对京剧艺术充满热情，同时他又精忠爱国，绝不与日本人苟合。

抗战之前，梅先生为了推广中国的京剧艺术，曾经自己投入很多资金，带着整个剧团去美国，演出获得了极大成功，并与一些美国友人交情笃深，其中他与美国“影坛三杰”[1]的交往最为人称道。梅先生来美国的时候，曾赠送给道格拉斯·范朋克（Douglas Fairbanks）夫妇他亲绘的花鸟画轴和数套京剧戏服。后来我去美国后，范朋克夫人玛丽·碧克馥（Mary Pickford）也成了我们全家的朋友，并成为我入美国国籍的担保人。玛丽去世前，将她特别珍爱的梅先生的画轴和两套京剧古装戏服转赠了我。

抗战开始后，为了拒绝上台演出，梅先生不断和日伪周旋，拒演的理由可谓五花八门，除了“蓄须”外，牙疼、心脏不好、不能坐飞机等都被他用作挡箭牌。

这样年复一年，梅家的生活因梅先生拒绝登台而逐日困窘，但他仍是丝毫不妥协，一直坚持着。因为他心里有个信念，那就是：饿死事小，失节事大。

我记得最危险的一次，有个日本军官知道梅先生不肯演戏，就说要慕名请他吃饭，为了拒绝那个日本军官的邀请，梅先生就托词生病缺席。日本军官派代表到梅家慰问他，其实是想拆穿他的托辞，迫他赴宴。梅先生立刻请私人医生想办法，算好时间为他打了一支伤寒疫苗，日本代表来时发现他正发高烧，才让他躲过一劫，

1. “影坛三杰”指的是以演武侠片而闻名全美的道格拉斯·范朋克和有“美国的大众情人”之美誉的他的夫人玛丽·碧克馥以及喜剧大师卓别林。

保存了忠义气节。

那段时间，梅先生虽然不再上台唱戏，但是他却没闲着，平日里一直在指教学生，他赋闲在家的时候，每天都有很多学生上门请教，他从不敷衍，总是一招一式地给他们示范，不厌其烦。

即便不能公开唱戏，梅先生对京戏的热爱也不曾改变。晚上他想唱戏了，就会特别小心地让大家把房间的所有门窗都关好、紧闭，把所有窗帘都拉起来。然后由我母亲拉胡琴，他在屋子里吊一吊嗓子。可闷在家里唱戏这种事儿是不能常做的，因为怕外人听见，走漏消息，再惹出什么事端。所以，梅先生也只能偶尔吊一吊嗓子，过一下戏瘾。

梅先生不能出去唱戏，就没有了收入，但戏班子和家里十几口人都靠他一人养活，而且家里常常是高朋满座，款待起来也是一笔不小的开销。当时上海知名的艺术精英，如汪亚尘[1]、俞振飞[2]、许伯遒[3]等都是梅府的常客，家里流水席不断。为了维持生活，梅先生就开始作画卖画。

梅先生有很高的美术修养，他的审美是非常独特的，他的画作有一种流畅的气韵。先生最爱画花，尤爱梅花和牵牛花。先生画画的时候，我和葆玥有时会帮助先生临摹，在他的指导下，我们用铅笔把飞天仙女的大轮廓给他临摹好了，然后由他细画、上色直至完工。

想收藏梅先生墨宝的人自然很多，所以他的画很是紧俏，但光靠卖画养活那么多人仍然是困难重重。尽管这样，无论谁以多么高的价码邀梅先生重登舞台，他都一概婉拒。那段时光，我在梅府亲眼见证了一代京剧大师在煤油灯下辛勤作画、卖画为生的艰辛岁月。

## 亦师亦父

生活虽如此艰难，梅先生并没有因拮据而减少和朋友的交往，他对朋友仍然满腔仁义和热忱。每个星期六我回到家里，都是宾客满堂，晚餐总是坐一大桌子人，多是梅先生的朋友。我特别记得，不管家里的日子多么捉襟见肘，只要有同行来找

1. 汪亚尘，1894–1983，著名画家。
2. 俞振飞，1902–1993，著名昆剧表演艺术家。
3. 许伯遒，1902–1963，昆曲曲家，笛师，有“笛王”美誉。

他帮忙，他都倾力相助。他跟我们说："人家有困难来求你，你知道他需要的话，就不要等人家开口。他若需要钱，就赶快把钱交给他，有什么事情需要帮助的，你就赶快帮他办好。"这就是梅先生的为人，可谓古道热肠。这点也与我母亲对我的教导不谋而合。我亲生父亲英年早逝，在我后来的成长过程中，不知不觉中就把梅先生视作父亲，他对我这一生都产生了深远的影响。

梅先生还时常叮嘱我："能自己做的事情，就该自己完成，不要依靠人家去做。"他就是这样一个自立自强的人，在我后来从艺的几十年里，立身行事，待人接物，也一直遵循先生的教诲。

葆玖是梅先生和梅太太最小的孩子，也是他们最疼爱的，后来梅家的四个孩子中，只有葆玖继承了梅先生的真髓。葆玖到晚年还能保持很好的表演状态，很大程度上是因为从小受到极好的京剧基础教育。在戏曲表演唱、念、做、打各个领域，都有最好的老师为他启蒙。梅先生不仅让他接受中国传统戏剧教育，还从国外带回大量西洋唱片，包括歌剧、交响乐等，所以葆玖享受到的教育资源在当时可谓得天独厚，是其他同龄人望尘莫及的。

记得幼年时，他因年幼不爱学戏，教戏的老师一来他就溜了，而我年纪较长，总爱旁听。有一次京剧名旦朱琴心老师来教戏，见葆玖不在，就对我说，"你过来吧，我教你"，于是就教了我一段她最拿手的《春香闹学》。

后来有一次，我学唱戏被梅先生看到了，他就对我说："你这么爱学戏，又常听我的话匣子，你喜欢《刺虎》，我就教你《刺虎》吧。"于是，先生开始教我唱昆曲。

▲
第一次登台，演出《二本虹霓关》。经梅兰芳先生指点后，做人做事开始追求“到家”。

梅夫人一见就笑了，说：“这孩子又不唱戏，你干吗那么用心教她？”先生说：“她爱唱。”虽然我后来没有入行，但京剧仍是闲时至爱，至今我都保持着听京戏入睡的习惯。

十八岁那年，我和葆玖一起在黄金大戏院登台演出。那是十岁的葆玖第一次登台，唱《三娘教子》里的薛倚哥，我唱的是《二本虹霓关》。唱完以后，我回家向梅先生请教，他说：“你做得很好，教你的身段都做了，就是不到家，要做得到家。”在这之后我每每做事，

2005 年，我重归马斯南路（现今思南路）梅兰芳故居，面对曾经生活过九年的老地方，不由得感慨万千。

都尽力追求完美，用先生的话说就是“追求到家”。

我和母亲虽寄居梅府近十年，但是从未有寄人篱下的感觉，梅先生和梅太太宽厚待人，让我们感受到了家的温暖。我离开上海赴美后于80年代初首次回“梅公馆”，里面已经住了三十几户人家，未能仔细探访。

2005年重访，住户们都已迁走，本听说这里将被修建为梅兰芳先生故居，可又听说如今那一带名人故居大都被改造成了高端商户，无法让更多人了解先生在上海的过往岁月，甚是遗憾。

每次去上海马斯南路121号探访，注视着房前的草地，还有我曾住过的房间和屋子里的每一个角落，都会看到这个我曾居住过多年的地方有许多经过岁月洗礼的痕迹，回忆少时的点滴时光，心中有怅惘，也有甜蜜，就像那幢老房子，饱经沧桑却依然亲切如故。

## 破茧成蝶

虽然我没一副天生好嗓子，但骨子里还是传承了父母的一些喜好 —— 热衷于唱戏和登台表演；另一方面，长期在梅家生活，在那个环境中耳濡目染也学了不少，梅先生、母亲和其他京剧前辈们相聚，时而高亢激昂，时而百转千回的唱腔如余音绕梁，对我来说也是很好的熏陶。

在惠中中学读书的时候，教我国文的是位年轻的女老师叫翁璇庆，笔名翁倩茵。翁老师是清光绪帝师翁同龢的玄侄孙女，有深厚的国学根底。她从沪江大学毕业后

在中学里演出曹禺先生的话剧《正在想》，前排蹲下的是我反串扮演的男角“小秃子”。

惠中中学高中时候演出翁老师写的剧本，最右面是我，后面是学生自己搭的舞台背景。

即来我们学校任教，是那时最年轻活跃的老师。翁老师本人很擅长话剧创作，自己会写剧本，常常组织我们排练话剧，还会演出。我对表演向来有着浓厚的兴趣，便积极参加翁璇庆老师组织的活动，很快便成为惠中话剧团的骨干。

记得那时候，话剧团要排演曹禺的新作独幕剧《正在想》，这部剧是从一位墨西哥作家的独幕剧《红丝绒的山羊》改编过来的，是曹禺先生唯一的喜剧，讲述的是一个绰号“老窝瓜”的戏班班主的趣事。这位班主是表演传统滑稽戏法的，眼见着说大鼓、单口相声、歌舞团之类的新玩意儿火了起来，他十分眼红，悟出了“要发财，得改行”的道理，决定专演最受欢迎的“话剧”，到后来被人嘲笑是个大傻瓜。

在物色演出人选的时候，老师发现找不到合适的男生扮演草台班主的儿子小秃子，因为剧中小秃子有一段很长很难念的独白，不得已之下，翁老师就让我反串，这是我首次在舞台上反串演出，演完后同学们都觉得我的表演妙肖传神，演活了小秃子的单纯和热情。之后翁老师又写了很多由古装戏曲改编的话剧，常让我出演小生，其中就包括《点秋香》里的唐伯虎。在翁老师的鼓励和指导下，我越来越喜爱表演，自信心也越来越强。后来我去了美国，和翁老师的联系中断了几十年，直到后来我回国才重新见到了她。

我钟情表演和登台，然而京剧演员出身的母亲，因为自己的从艺道路颇多崎岖坎坷，并不希望我继承她的衣钵，也就是说她并不希望我像自己出生那年除夕家中亲戚祝愿的那样成为一个“角儿”，所以哪怕我那会儿再喜欢演戏，最多也只是偶尔学唱两段，却从未正式拜师入行，鲜有几次登台演出，也不过是面向学校观众的“小剧场”。

无忧无虑的中学时代很快就结束了，如何规划自己的未来？这个选择变得越来越紧迫。我心心念念想做演员，但始终得不到母亲的支持。为了说服我，母亲还专门找来了舒适[1]帮忙当说客。舒适，我叫他舒大哥，他喜爱京剧，算是母亲的戏迷。

1. 舒适，原名昌格，1916–2015，浙江慈溪人，电影演员、导演。1938 年后任青鸟剧社、上海大同摄影场、金星影片公司演员和编导。在影片《歌声泪痕》《花溅泪》中饰演角色，编导《地老天荒》影片。1946 年后任香港“大中华”“永华”“长城”“五十年代”影业公司演员和导演。主演《清宫秘史》《春风秋雨》，导演《神鬼人》等影片。1952 年后任上海电影制片厂演员、导演，中国影协第三、四届理事。主演《林冲》《水上春秋》，因在《红日》中饰演张灵甫而家喻户晓，导演《绿海天涯》等影片。

母亲请他来劝说我，自有她的道理，因为舒大哥那会儿不但是舞台和大银幕上光彩熠熠的大明星，还是名校法律系的高才生。记得那天我和舒大哥在舅母家里见面，他风度翩翩，款款而至，第一次近距离见到他，我心里又激动又紧张，要知道他可是当时万千少女的梦想，而我也是这万千少女中的一个啊。当时他来家做客的诸多情景我记不太清了，但他有一句话我至今想起，仿佛还在耳畔，他对我说："你还年轻，还是好好念书吧。"这句话不知怎么我一下就听进心里去了。也许这就是追星效应吧，偶像说的话比父母教导更有用。

舒大哥曾就读于复旦大学和持志大学（上海外国语大学的前身），可谓内外兼修。我觉得他讲得有道理，就暂时打消了当演员的念头。我想通了，不管做什么工作，首先把书读好，把知识底子打扎实总是没错的。

我读中学时，数学很好，母亲觉得我为人诚恳踏实，数学成绩又突出，就希望我学金融，今后当银行家。而那时候，我还有个志愿是当医生，我觉得能以仁心仁术救死扶伤是很高尚的。于是，最后填报大学志愿的时候，我便选择了交通大学的财务管理专业和圣约翰大学的医预科。

卢燕的初中班主任翁璇庆老师（2009 年 7 月 93 岁高龄仙逝）对卢燕就读于惠中中学有关情景的回忆：

那是六十多年前，我从大学毕业在上海私立惠中中学任国文教师的第三个年头，班上来了一个女学生。十五六岁年纪，身长玉立，秀色夺人。两条又粗又黑的长辫子，衬托着秀气的脸庞，闪着懂事的大眼，她就是今天享誉中外的华裔表演艺术家卢燕，当年的十五岁的卢燕香。

从课外的交谈中，我逐渐了解了她的身世，她是广东人，生在北京。父亲是旧军官卢家駷，母亲是二三十年代“坤伶须生泰斗”，与余叔岩、言菊朋齐名的李桂芬。那时她父亲已去世，与母亲住在梅兰芳先生家。更巧的是她的同父异母的姐姐卢佩德，竟与我的姐姐翁琳庆是北京某中学的同班同学，且是要好的结拜姐妹。于是，我和燕香在师生关系上又多了一层关系，课内外接触更多了。她沉静少言，好学不倦。衣着多半是旧的改制的，从不见新衣，但她穿着是那样大方、朴素、别致。

后来，我们学校组织了一个话剧团，名“惠中剧团”，演员是本校各年级的男女生，我担任剧团的顾问。在每年的圣诞夜与暑假前高初中毕业的日子里，欢送会或是庆祝会上少不了演出话剧。而那时很难找到适合学生演出的剧本，只有自己编。谁编呢？当时也不知哪来的那股劲儿，又自信，又自不量力，由我这顾问自编自导。于是许多独幕剧、多幕剧、古装的、现代的，还有改编的，在众多学生演员的合作、努力下演出了，居然颇受师生的欢迎，于是演下去，在这样的环境中，我们发现了不少“天才”，也培养锻炼了不少“话剧演员”。卢燕就是其中一个，也是最出色的一个。她戏路比较宽，能演悲剧，也能演喜剧；能演女角，也能反串男角。记得我们曾演出曹禺的《正在想》，那是特请专业演员莫愁来导演的。她演男一号主人翁的儿子“小秃子”。我记得她穿了一身白布裤褂，在台上跳上跳下，俨然一个俏皮的小伙子。此后她在许多戏中担任主要演员，都取得较好的效果。可以说“惠中剧团”是她成长的摇篮，培养了她，锻炼了她。之后她在大学里演《雷雨》中的“四凤”，那已是“专业水平”了。

第四章

# 同学少年

每个人成长的过程中，总会有难忘的青春岁月。属于我的青春韶华已逝去多年，现在回望自己的同学少年，尽管在那样一个动荡的年代，仍然有无数美好的日子值得回忆，那一张纯真的脸庞，一本厚重的日记，一沓微笑的照片，一个耀眼的舞台，一群永远的朋友……

初中毕业后，我进入当时的裨文女子中学学习。裨文女中是由一对美国夫妇在 1850 年创办的，丈夫是美国基督教公理会传教士裨治文（Elijah Coleman Bridgman），他的夫人是格兰德女士。创办时学校叫裨文女塾，是上海第一所教会创办的女子学校，也是中国第二所女校。1871 年格兰德去世后，美国妇女联合布道

1944 年，我与挚友桂慧君（左）、朱瑞颐（右），中学时我喜欢结交成熟、有个性的朋友。

会（女公会）接办学校，改称裨文女校（Bridgman Girl School）。最初学校主要招收社会底层穷人家的女孩子，后来由于教导有方，毕业的女孩子都能谋到好出路，不少社会名流也开始把孩子送来学习。宋氏三姐妹的母亲倪桂珍就曾就读于裨文女中，而且毕业后还留校任教。裨文女中提倡文明思想，鼓励女孩子们追求自由和平等，拒绝缠足，为社会贡献自己的价值。现在回想起来，我后来的人生轨迹也深受这种教育思想的影响。

1945 年，我从裨文女中（高中）毕业了，报考了心目中一直向往的两所大学，交通大学和圣约翰大学[1]。

## 结缘交大

我从小就很崇尚医者，因为他们能悬壶济世、救死扶伤，所以在选择志愿的时候我报考了以医科见长的圣约翰大学。当时美国著名的宾夕法尼亚医科大学与圣约翰大学的医科有联合培养的项目，毕业后可以去宾夕法尼亚大学继续深造，这对我来说也有很大的吸引力。

而报考交大的财务管理专业，则是母亲的心愿。前面说过，母亲觉得我为人忠厚诚恳，数学成绩又好，适合读财务管理。而且银行的工作相对稳定，将来若能在

1. 圣约翰大学是中国近代最著名的大学之一，也是在华办学时间最长的一所教会学校。该校培育出了一大批在社会各领域有着重要影响，并且声名显赫的校友。

银行工作，一定会得到信任和重用，有较好的发展前景。

选择交大，是因为当时交大是上海最好的大学，而交大的管理系更是全国闻名，能进交大读书将来必定能有所作为。关于志愿的事情，我也曾向梅先生请教，他倒没别的意见，就是觉得我选的这两所学校离家都有些远，怕我来去不便，但他说他还是尊重我自己的选择。

那个年代没有全国统一的高考，我们可以同时参加不同大学的入学考试，于是我同时报考了这两所大学。交大的入学考试题难度是全国出名的，尤其是数学特别难，能考到及格就非常不容易了。记得发榜那天，我骑着自行车，一路忐忑跑到交大，图书馆门边的墙面上已张贴了红榜，看到自己的名字赫然在列，当时真是难以掩饰的喜悦。幸运的是，我同时也考取了圣约翰大学。

可是最终选哪个学校呢？我有点儿犯难。思来想去，我发现自己最心仪的还是交大，可是抗战时期，为了保存教育资源，交大把校区迁到了重庆，1945 年的夏天还没有迁回上海复校。我不想让自己闲着，希望早早进到校园感受大学的学习生活，于是，怀着对成为一名医生的憧憬，开始去圣约翰大学的暑期班读书。

从马斯南路的梅府去圣约翰大学上课，最近的路程是穿过兆丰公园（现今的中山公园）直接到圣约翰大学，但那个时候的兆丰公园是封锁的，不对民众开放，只能绕行。记得那年夏天特别闷热，骄阳似火的大伏天，我每天只能骑自行车绕过整个公园才能到学校，等进了校园早已是汗流浃背，坐在教室里穿堂风一吹，难免伤风感冒。这样病了几次，耽误了不少课程，就没有再继续下去了，我也从此告别了自己的从医梦想。

也许其间的辗转曲折注定了我和交大的缘分。1945 年 9 月，交大正式复校，迁回上海。学校提供住读，可以免去每天上学放学的来往奔波，我和母亲商量之后，决定到交大读书。就这样从 1945 年开始读书，到 1947 年赴美，我在交大度过了两年美好而难忘的校园时光。

## 校园忆往

能考入素有东方 MIT（麻省理工学院）之称的交大，母亲很高兴，认为我给门楣增光了。报到那天，母亲亲自送我去学校。因为当时刚复校，学校的校舍还未来得及修复，学生住不进去。而当时图书馆的藏书因为被日伪尽毁，所以整个图书馆空了出来，于是学校临时在图书馆一楼进门的右大厅搭了个大通铺，将很多张铁床连排放在一起，搞成了临时宿舍，我们所有的住校女生，无论新生老生，就全被安顿在这里了。

我就读的财务管理系，一届大约有十五六人，女同学超过了三分之一，这在交大算是女生最多的系了，这么多人同住一室，大家相处得都非常和睦。

我们那会儿的大学女生其实与现在的没有差别，平时除了切磋学业之外，也会经常交流思想，说悄悄话。这些同学中，不少人后来都在各自领域成为卓有成就的人。原来睡我邻床的是化学系的施琴华，后来成为加州理工学院的教授，她和著名航空工程专家美国工程院院士吴耀祖结为夫妇。

后来女生宿舍建好了，我们就搬进去了。我的同屋同学有一位来自广西，我便常向她讨教广东话，那是我祖辈们说的话，我希望自己能通过语言寻到血脉之根。这位广西同学是我最早的粤语启蒙老师，也奠定了我后来在香港用广东话演出话剧的基础。

尽管比起现在，那时学校的物质条件很简陋，但那个年代的学生深受实业救国思想的鼓励和熏陶，志存高远，士气高昂，读书都很用功，学风极好。学校老师教得也非常投入，尽心尽责。老师们大多住在图书馆左侧的平房里，为的是课后可以随时给同学们答疑。

那时交大的理工科包括管理系都是全国最好的，我虽念的是财务管理，但我们专业有许多基本科目是与铁道管理系、实业管理系的同学一起上大课的。虽然是管理学科，但我们的基础课程里面也包括微积分、大学物理等。记得同班有一位同学叫任家宽，印象中他沉默寡言，不善表达，但遇到同学向他请教，却能侃侃而谈，不厌其烦地详细解说，很受同学们的敬佩。交大的同学除了读书用功之外，思想也非常活跃，同学中有些是积极的共产党地下组织成员，有的同学前一天还在课堂跟我们一起上课，第二天就突然消失了，可能是被秘密逮捕了。

我们的课余生活同样非常丰富，学校里每周都有各种球赛、舞会，而我最热衷的仍然是表演。那个时候交大有个话剧团，团员都是来自各系的文艺爱好者。我印象最深刻的是我们排演曹禺先生的大戏《雷雨》。因为我普通话标准，在中学又有过舞台表演的经历，大家就推选我出演四凤。记得我们花了两个多月的时间在中院

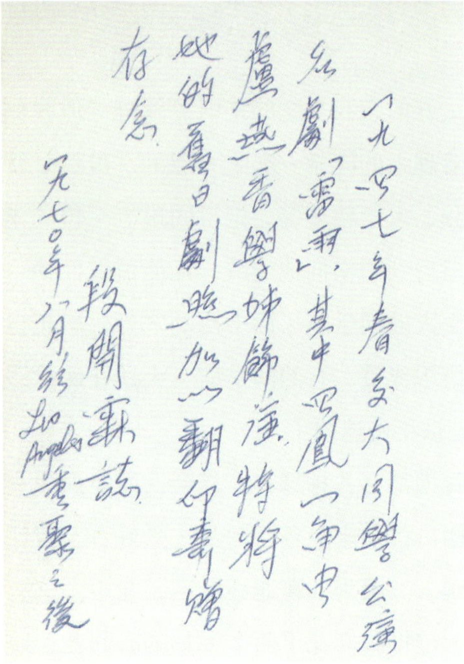


1947 年，交大读书时期，我在交大话剧团排演的舞台剧《雷雨》中扮演四凤的造型照片。照片后的文字为交大学长段开霖所写，1970 年他和我在洛杉矶重聚后特找出此照片翻印赠予我。

的礼堂里排练，每个人都十分忘我，全身心投入，最后话剧上演时，全校为之轰动，首演即获得了巨大的成功。

交大话剧团排演的《雷雨》这出戏能叫好又叫座，不仅仅归功于我们这群非专业的学生演员的演技，更多要归功于这背后凝聚的集体智慧和才华，整个过程让我看到每一个交大人都不同凡响。舞台灯光是由化学系同学来打的，当时学校还没有先进的专业灯光设备，于是幕布拉开时，他们就用一个大号面盆，在那里手动发电，灯就渐渐地变亮了，非常神奇。舞台布景是由土木系的学生自己设计的，没想到一群设计房子的人搞舞美也如此专业。为了这出大戏，每个系的同学都在发挥自己的专长。我们一共演了六场，场场爆满，那情形不亚于现今最火爆的电影上演时的情形。

《雷雨》四凤的舞台演出照片。

《雷雨》舞台演出照，鲁妈的饰演者是位职业演员。

那可真是一段令人难以忘怀的日子啊，一群意气风发的年轻学子，一起奋斗、一起创作、一起成长。我至今还记得扮演鲁大海的是电机系的张树人同学，他就是1947年交大那次著名护校运动中的临时司机。曾经有一次学生活动，是去当时的国民党南京政府请愿，就是他充当了临时司机把火车开去了南京。

可惜的是，由于我当时勤工俭学任务繁重，和话剧团的同学聚得不多，后来也鲜有交往。几十年后在香港碰到了我们剧团的制作人张海威，但也只是匆匆一晤，未有机会深谈，此乃一大憾事。假使我不是1947年出国，下一个戏就会接着排演曹禺先生的《原野》，由我主演金子，很遗憾我离校了，我在交大的舞台生涯也从此落幕。这段“演艺生涯”尽管短暂，却是多彩而难忘的，也正是这些经历，让我愈发爱上了演艺事业。

我在交大读书时，虽然学费不高，住宿也是免费的，但生活的各项开销还是要靠自己去挣，所以我的大学生涯就是以工读方式开始的。

## “译意风小姐”

1946 年的夏天，我找到了一份最钟爱的课外工作 —— 在大光明电影院做“译意风”（earphone）广播员。记得面试的时候，主考官事先给我们放了一段原版影片，看好一遍后就让我们翻译，他们听我译得还算准确，国语也比较标准，就录用我了。

那时候的大光明电影院属于联艺公司，1945 年抗战刚刚胜利，国内还没有新引进的影片，联艺公司就把以前库存的美国电影拿出来对外放映。当时懂英文的人不多，为了能够吸引更多的观众，影院便开始招考“译意风小姐”。译意风，就是在放映大厅的左后方设一个小屋子，小屋子里有听电影对白的耳机和播音的麦克风，透过小屋子墙上的玻璃窗，译者能看到屏幕，按照屏幕上演员的表演节奏配上台词，通过麦克风传达给观众。这样，观众就可以看到有同声翻译的电影了。当时放映外国电影的如大光明、国泰、美琪、大华等几家影院都有译意风的服务。在影院的座椅上有耳机插座，听不懂好莱坞原版片的观众可以付钱租一副耳机戴着，听译意风的同声传译。

在大光明电影院，我们一共有四位译意风小姐，每天做三场，两点半、五点半、

▲

1945 年冬天，我在努力学习同时，业余时间去大光明电影院做“译意风小姐”，生活过得十分充实。

▶

早期的大光明电影院。

七点半各一场，每人一场，每周休息一天。后来我从上海著名主持人曹可凡那里得知，其中的一位张小姐竟是著名作家张爱玲的姑姑张茂渊。

因为白天要在交大上课，所以我基本上都是做傍晚场和夜场。如果是五点半那场，回家也要八点了；如果是七点半那场，结束了就九点多。到了周末，通常会加一场九点半的夜场，要做到很晚，每每这个时候，梅家的四哥葆琛都会骑车来大光明电影院接我回家。

译意风每天的工作量不大，只花两个小时，但赚的钱足够我零花了，记得第一次拿到薪水，我立刻去南京路给母亲买了一条浅蓝色的羊毛围脖。

那时候放映的电影没有剧本，只有胶片，正式开映前剧院会给我们译意风小姐放一次，等我们看过一遍后，就要在放映时即时口译，开始的时候大家都觉得难度很大，但很快便能胜任了。

做译意风最大的好处是翻译的同时，每天都可以看电影。现在我还能回想起来当时的心情，当影院的灯光暗下来，音乐响起，银幕上开始出现画面，我又紧张又兴奋。紧张的是我要凝神专注人物对白，生怕一不留神漏了角色说的话；兴奋的是没有对白的时候，我不但可以看演员们的精彩表演，还可以在重复观赏中研究影片的剪辑、镜头的运用、灯光、摄影的技巧等。在这期间，我翻译了许多美国的大片，印象最深的就是丽塔·海华丝（Rita Hayworth）和吉恩·凯利（Gene Kelly）主演的《封面女郎》（*Cover Girl*），海华丝既能唱又能演，吉恩·凯利的舞蹈也是精彩绝伦。当时的我怎么也想不到，数十年后我竟在好莱坞见到了吉恩·凯利本人，而且还和自己学生时代的偶像合了影。

这份同声传译的工作对我后来从事表演工作的影响也是很大的，因为我翻译的时候特别投入，会随着银幕上角色的情绪变化去翻译，绘声绘色，仿佛自己就是剧中的角色，而且是一人分饰多角。逐渐地，我在观众中就有了一些名气，有人来看电影时，就指名说要买卢小姐任翻译员的那个场次的电影票，因为其他翻译员或许对电影没有我这么热衷，他们的翻译虽然很正确，但是很少投入情感在里面，而我已经把这种翻译当成戏来演，剧中人说话的情绪我都能通过口译表达出来，观众看的时候会被我的台词感染，也都非常投入。

现在回过头来看，那时候我翻译的内容其实也不尽准确，电影里的许多英文俚语或口语在书本和字典上是查不到的，翻译前几场时，有些听不懂的对白，我就自己根据情境即时揣摩创作，尽量去贴剧情，这样观众就不会出戏。后来，随着这一场场的口译实践，我的翻译水平也越来越高。

反复欣赏观摩一部好影片，这本身就是一种享受，更是一种滋养。所以这个工作我一直做到离开上海，走的时候还是十分不舍。短暂的译意风工作经历从某种程度上也是一种高强度的台词训练和剧本创作，让我对美国电影有了更直观的认识和感受。

我记得一次我找卢燕看电影，是一部关于空中战争的美国片《航空母舰》，她给我一张优惠票和一副耳机，我就可以免费看一场电影。当时好像是晚上的末场电影，看完电影 11 点钟，我拟送卢燕回家，好在梅葆琛来接她，我也放心了。

——表哥的回忆

在交大的求学生涯，充实而美好。在那个懵懂的年纪里，一切愿望都那么真挚而单纯，学业、话剧、译意风，不用为生计发愁，对于并不热衷政治活动的我来说，已经是不错的光景。那时候也常常收到男生写来的信，每每接到这些书写工整的信件，我都很胆怯，也很羞涩，一时不知所措。不过一心向学的我很快就能平静下来，常常是置之不理，慢慢就不再有下文了。

而今细细回想，这一生中对我最真诚爱护的，兴许就是四哥梅葆琛。可惜我们仅存的记忆，也只有夜晚从大光明影院到思南路那些树叶密匝的林荫道了。每次我做完夜场电影翻译，四哥接到我，我俩就骑着自行车，聊着刚放映的电影、彼此在学校的见闻、弟弟妹妹们的趣事，不知不觉就到了家门口。他对我关爱有加，我一直只当作是兄妹之情，未做他想。谁料后来我到了美国，梅先生委托两家共同的好友余贺夫人给我母亲写信，转达了四哥对我的倾慕之情，说希望我能回国结婚，梅家会为我们购置新房，并供我继续求学。然而，从小好强而自立的我，不想再背负长辈们的恩惠，一心只想好好念书，早日学成立业，早日能报恩母亲，便婉拒了梅家的提亲。

等我 1979 年回国再见到四哥葆琛的时候，我们都已到了知天命之年。葆琛并未进入戏曲界，他从震旦大学毕业后就成了一位建筑设计师，参加了淮河治理工程，以及中国人民革命军事博物馆等许多重大建筑项目。葆琛一向内敛克制，不善辞令，那天他只对我说了一句“这么些年过去了，我对你深情依旧”。

第五章

# 此岸到彼岸

虽然一直怀有出国留学的梦想，但我从未想象过自己是以这样一种方式远渡重洋，虽然对在异乡的漂泊做好了充分的思想准备，却未曾想到会把演艺当成了毕生的事业。

隔着浩渺的太平洋，故乡只能在梦里相望。

## 忧伤离别

前面提过，我有一个同父异母的姐姐叫卢佩德，字玉瑶，长我十五岁。她的母亲是我父亲的原配，生下她不久就得月子病去世了。为了更好地照顾襁褓里的姐姐，父亲把她过继给了婚后不久就守寡的二伯母。姐姐承继了父亲的基因，出落得端庄秀丽。

后来，父亲离开广东老家到北京闯荡，把姐姐也带了出来，期望她能受到更好的教育。姐姐的娘舅邓家是在海军供职的，和政府要员们也都熟识。我听母亲说，姐姐是在和娘舅家人去寺庙烧香的时候，被唐绍仪[1]的大公子唐榴一眼相中。十七岁那年，她就出嫁了。

抗战时期，姐姐姐夫一直居住在澳门，直到 1947 年 1 月，在国民党政府外交部工作的姐夫唐榴被派驻美国檀香山任总领事，一家即将前往檀香山。当时我还在交

1. 唐绍仪，1862—1938，字少川，清末著名政治活动家、外交家，民国内阁总理，曾任北洋大学（现天津大学）、山东大学校长。

大读书，姐夫来学校找到我，提出希望我跟随他们一道去美国。对于能够出国留学见世面，我还是非常心动的。但母亲只有我一个女儿，我不能丢下她一个人出去，于是就回复姐夫说："希望在上海把书念好了再作考虑。"后来姐夫又来找我们，提出可以让我母亲和我一起出去。想到能和母亲在一起，不会有骨肉别离，我也就答应了。现在想来，这里面其实有太多的误会，好多事情我们也是后来才知晓，但这或许就是命运的安排。

这件事来得着实突然，时间很紧，我没能来得及细想，亦未能和老师同学们一一话别，就匆匆办了从交大转学的手续。

记得临别那天，寄爹（梅先生）和香妈依依不舍地送我们上车，梅家的孩子们一直把我们送到码头。离别的忧伤倏地涌上心头，梅府的一切都让我们那样的留恋，难以割舍。

码头上，四哥葆琛送了我一个我一直想买却舍不得买的紫红色手袋，等开船后我打开手袋，才发现里面有一个精致的盒子，盒子里放了一枚精致的金戒，上面刻了一个"爱"字。葆玖也悄悄地掖了一个纸包给我，船开了之后发现里面包着五块钱美金，那是长辈给他的压岁钱，他积了很久才攒下的，却慷慨地送给了我。梅家待我们的这份眷眷亲情，每每想起都让我心存温暖，可惜直到现在都未有机会报答。

我们乘坐的大船缓缓驶离十六铺码头，驶出吴淞口。水面变得宽阔起来，海鸥成群结队在船边追逐鸣叫，时而飞向高空，时而俯冲向浪花。我伫立在甲板上，回头看着身后那块哺育我的陆地离我们越来越远，直至模糊，突然感觉眼眶热热的，眼里涨满了泪，却一颗都不肯涌出来。有那么一刹那，我的眼前浮现出多年前那个坐着洋车，牵着母亲衣襟，离开北京棉花上七条胡同的小姑娘，那是我，我仿佛还能听到母亲的安慰，她说，燕子飞走，还会再回来的。可我这只燕子还没回北京，又要飞去更远了。

我与母亲都没有想到，此后的二十五年我们都没能再回来，不只是没回北京，连这块土地都没能回来。那一年离开后，我再也没能见到我的寄爹梅兰芳先生，还有疼爱我的香妈和鞑鞑福老太太。

## 漂洋过海

1947 年 5 月，我和母亲随姐姐姐夫告别了故土，乘船从上海前往美国檀香山，同行的还有我的二伯母和姐姐的一双儿女：唐平和唐慧。

因为当时抗战刚刚胜利，百废待兴，交通运输尚未完全复苏，国际航线也没有很正规的客轮，我们乘坐的是一艘很小的水兵船（Marine Lynx），就是军舰。在太平洋里漂了差不多半个多月，终于在一个阳光明媚的午后，我们远远看到了陆地，到达了檀香山。

檀香山是美国夏威夷州的政治、经济、文化中心，州政府、市政府以及重要港口珍珠港均在此地。记得我们到达的日子是 1947 年 5 月 31 日。船抵达港口的时候，一眼就看到了檀香山的经典建筑，象征着热情、友好的阿洛哈塔（Aloha Tower）。

因为姐夫是去任职总领事的，因此到达当日，有很多当地的华侨来欢迎我们，给我们戴上艳丽多彩的鲜花花串。受到一群陌生人热情迎接带来的惊喜，还有对异域新生活的期待，冲淡了旅途的疲惫，我的心情逐渐好了起来。

檀香山用它那独特鲜明的气候给最初抵达的我留下了深刻印象。记得我们的船刚泊岸，准备卸下行李的时候，晴朗的天空突然就下起雨来，我担心行李会淋湿，就急忙撑伞遮挡，接我们的华侨却不慌不忙，说不要紧，雨马上就会停。果不其然，没一会儿工夫就又晴空万里了。可是没过多久，又是一阵细雨。后来我才知道，檀香山的天气受海洋气流影响，变化迅疾，阵雨后马上就阳光灿烂，让人都来不及反应。当地人称这种天气为 Liquid Sunshine（或许可以译为“液态的阳光”）。

夏威夷一年四季明媚如春，海水湛蓝，阳光明亮，花儿茂盛，一切都像梵高的田野风光油画。这是我之前无论在北京还是上海从未看到过的景象，我常常站在威基基（Waikiki）海滩上，对着海水澄碧、白云悠悠的太平洋，神游一番。

## 巨大的落差

临行前，我憧憬着到了美国后能进入大学继续读书，完成我未读完的财务管理专业，反正我的英语还不错。我希望毕业后能找一份稳定的工作，有一份稳定的收入，以此孝敬母亲，使她能够颐养天年。然而，到了美国之后我才发现，丰满的理想抵不过骨感的现实，一切都变得茫然而无助。

当年姐姐出嫁的时候，父亲手头已非常窘迫，为了不给女儿塌台面，母亲便把自己珍藏的首饰悉数给了这个非她亲生的女儿当陪嫁。我们和姐姐从未一起生活过，

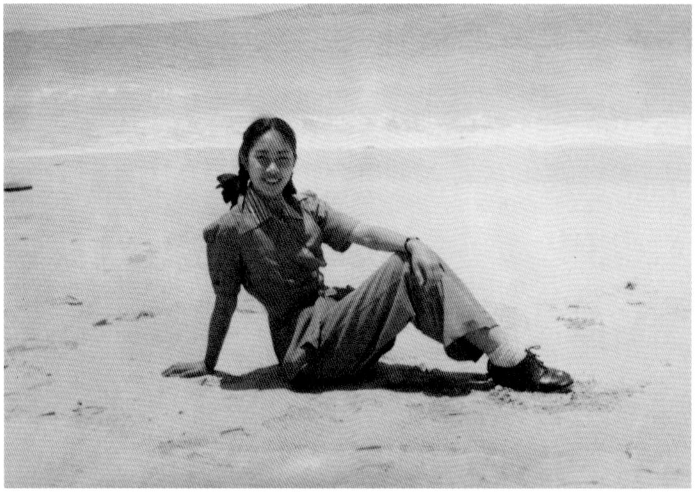

1947 年，初抵檀香山，第一次去凯卢阿海滨。

在凯卢阿海滨，我第一次看到椰子树和美丽的海滩，当地人的迎宾礼仪是给宾客戴上美丽的花串。

母亲一直以为，姐姐是念她当年的好，想要报答她，所以带我们母女出国。而事实上，姐夫请我和母亲一同赴美的事情，直到我们在上海登船，姐姐才知道。尽管姐夫说是想给姐姐一个惊喜，但我分明从姐姐脸上看到了一丝惊诧和不悦。

在国内的时候，由于家里一直都有厨师做饭，有佣人帮着料理家务，我和母亲对此并不擅长。母亲当时是以总领事管家的身份办的护照和美国签证，姐夫原本也期望母亲日后能够帮他们打理好家事，而我可以协助他在领馆做雇员。可到了美国我们才知晓，我和母亲丝毫帮不上他们任何忙，即使是做家务都做得很不利索。渐渐地，我和母亲都觉得自己成了姐姐姐夫一家的累赘，而这时候回国对我们来说已是不可能了，所以我和母亲感到分外的无助和无奈 —— 离开故土的母女俩，在哪里可以安然栖身呢？

个性倔强的我一心想着读书，完成学业。刚到檀香山的第三天，我就自己跑去夏威夷大学报名参加了暑期班，并在夏威夷大学中文图书馆找了一份勤工助学的工作。姐夫知道后很不高兴，他当初带我来美国的目的很现实，就是想找自家的人做领馆的办事人员，这样能巩固自己的地位，建立自己的人脉。可这并不是我想要的。

为了能够继续读书，我想通过自己的努力得到姐姐和姐夫的认可。我到处寻找各种勤工助学的机会，联系东岸的大学，申请奖学金。可所有的努力都是徒劳，一切祈愿化为了泡影。他们收走了我的护照，还告诫我这些都属于非法做工。在夏威夷大学坚持学了一年之后，我无奈只能放弃了学业 . 自立之路出师未捷，我感受到了前所未有的沮丧。

Honolulu
1947

在檀香山，身穿姐姐卢佩德从中国带来的旗装，在摄影师 Henry Lnn 家中拍摄。Henry Lnn 是一位摄影爱好者，他非常喜欢给我拍照片。

## 懵懂新娘

刚到檀香山的时候，姐姐总会受邀出席很多当地华侨举办的社交活动，每次我都会同时被邀请。我那时年轻，英文也好，人长得也算出挑，所以每次活动我身边总是围着各种人，争着跟我搭讪聊天。我自己也没想到这会抢了姐姐的风头，她觉得受到冷落，渐渐不悦，后来便不再带我出席活动了，还叮嘱我待在家里，不许出门。

当地的华侨富商都知道总领事有一个当嫁之年的妻妹，模样俊俏，文气大方，想给我说媒的也不少。但是，姐夫带我出国的初衷是想让我嫁给他保举的某个下属，以姻亲关系扩大他自己的人脉，巩固自己在外交部的地位。所以，他介绍了一位由他保举到外交部的年轻主事跟我认识，这位青年叫黄锡琳，祖籍广东肇庆。

姐姐、姐夫极力撮合，想让我嫁给这位年轻人。在姐姐、姐夫的眼里，黄先生是一个很有政治前途的青年才俊，但那时候我满脑子都想着读书，对于步入婚姻，我没有任何的思想准备。

无论是放弃学业去领馆做雇员，还是马上结婚做黄太太，都不是我的初衷，我一心想去念书充实自己。一想到要嫁给外交官做官太太在各种交际场合与人周旋，我就感到不安，这并不是我想要的生活。

就这样僵持了很长一段时间，我没有办法读书，也不敢出去工作，回国也不现实，之前我已经婉拒了梅家的提亲，也不合适再回去投靠他们了。加上护照又被姐姐收走，看似迈进了自由世界的我，事实上如陷囹圄，寸步难行。

然而，从小到大的生活经历养成了我非常自立的个性，我始终不愿意屈从。可初到檀香山，与侨领之女一起参加当地的中国时装表演活动，我身上穿的衣服是母亲用买来的缎子，自己亲手缝制的。

生活的现实，让我不得不低头，改变现状的唯一办法，就只能是选择嫁人了。

在我最苦闷、最无助的时候，黄锡琳向我求婚了。他很诚恳地对我说：“你是一个很好的女孩，我理想中的太太最好是广东人，生在北京，长在上海，你完全符合我的理想。我很想成就一番事业，需要你的帮助。”

锡琳求婚时说的这番话不浪漫，但很诚恳，很朴实，被他这么一说，我若有所动，在我懵懂的爱情观里，也希望自己能帮助一个有理想、有抱负的男人，成就他的事业。于是，刚满二十岁的我就这样决定结婚了。

1948 年，我和锡琳在夏威夷注册结婚，那年我 21 岁，锡琳 27 岁。因为锡琳是天主教徒，所以我们的婚礼是在教堂举行的，为我们主持婚礼的神父是一位华人。那时教堂对待婚姻的缔结非常谨慎，婚礼前还专门发电报到广州，核实锡琳是否单身。

我们的婚礼办得非常隆重，当地有名望、有地位的华侨都来参加了，纷纷向我们表示祝贺。现在说起来，我已经记不清婚礼上的种种细节，只能从老照片中回忆一下，可我怎么也看不到自己初嫁的欣喜，眉间总有一丝难以名状的忧伤。锡琳人很好，只是我们结婚的时候，两人都年纪太轻，而且之前也没深入交往过，又生活在两种不同的文化环境中，相互太不了解了，婚后的生活会是怎样？我没有多想，也不敢去想。只记得那时我曾对锡琳说，虽然我们已经结婚了，可是以后有机会我还是要去念书的，而他也爽快地答应了我，说：“我会支持你的。”

结婚之后，全家依靠锡琳微薄的收入过活，生活虽不宽裕，但好歹我不再依附

Henry Inn
Honolulu

▲
1948 年前后，在檀香山拍摄一个滑板广告。

姐姐姐夫，也算是自立了。第二年，我们有了第一个孩子，我给他取名黄汉鼎。第一次当母亲，我很惶恐，一直觉得自己还没成熟，怎么就有了孩子呢？每次他一哭闹，我就手足无措，完全没有初为人母的喜悦，照顾新生儿的日子似乎成了漫长的煎熬。

## 何去何从

1949 年后，锡琳的工作受到时局的影响，虽每天仍然去上班，但是薪水已经不能按月发放。我们本来就不甚宽裕的生活变得越来越窘迫，而锡琳也不能兼职挣钱。迫于生活压力，我不能再袖手旁观，继续做我的全职太太，于是我也开始出来找工作，希望能给这个家带来点帮衬。

为了能够担负起家里三代四口人的基本生活，我一个人在外面做三份工。

一早，我会坐很久的公交车去给《中国日报》图书馆的一位朋友打下手，在那里从早上八点工作到下午五点；下午五点之后去唐人街的明伦中文学校教学生唱歌、说国语，《满江红》《锄头歌》《玫瑰玫瑰》以及聂耳、冼星海、贺绿汀等音乐家的作品，都是颇受学生和家长欢迎的；晚上回到家后，再为报纸翻译新闻，一人负责全版，为翌晨出刊所用。《中国日报》的读者是当地华人，老一辈的华侨都是靠苦力出身，识字的不多，阅读能力有限，而他们的后代生在夏威夷，国语基础又不够，也不习惯读中文报纸。所以报纸的发行量并不大，所赚微薄。为了节省成本，报馆在雇人的时候就要特别算计，雇一个员工就恨不能让他（她）负责一切。当时，报馆里的国际新闻、美国新闻和本地新闻都是由我一个人翻译和编辑的。

就这样，我每天从早做到晚，工作非常辛苦，但也只有这样干，才能维持一家的基本生活。之前的房子比较大，房租我们已经承担不起了，全家就从大房子搬到小房子，后来又从小房子搬到租借的小阁楼上去住。那时，我回想起父亲带我们刚到上海时也经历过类似的情景，不由得感到一阵漂泊的辛酸。我自己还好，总归是年轻，不怕吃苦，只是心疼母亲，她每天帮我打理家务，照看孩子，而我一直都未能让她过上幸福的生活。

1951 年，台湾外事主管部门告知所有驻外人员，“你们有两个选择，一个是离开现所在部门，在美国自谋职业，我们之间不再有任何附属的关系；要么回台北，继续做外事工作。”

锡琳思忖了多时，瞻前顾后，不能决断。我们一直远在异乡，本来就没有什么朋友，和国内的通信也是阻隔的，指望不上其他人能给予意见，哪怕一点小小的建议，我们的一切决定都必须自己做出。

我知道锡琳毕业于中央政治大学外交系，受的是正统的外交训练，他一心希望走外交这条职业道路，如果不回台湾，他的政治生涯必将宣告结束。但是就此离开美国，对我们来说心里也很难接受，我们在美国靠自己的奋斗已有了落脚之处，而且在那个节点我们对当时的形势不甚了解。翻来覆去地想，最后考虑到孩子们今后的前途，全家协商再三，决定仍留在美国，就这样，锡琳不得不离开了他钟爱的外交工作。

## 起早贪黑

锡琳离开领馆后，在华侨朋友们的照顾下，在《檀报》找了一份发行人的工作。那个时代檀香山本地的中国人很少，为数不多的华人也都是原籍广东的华侨，看报的人并不多，故而华文报馆的销量很不景气。锡琳作为发行人，要负责报馆的所有工作。开始的时候，报馆对领馆出来的锡琳很是客气，因为觉得靠他的面子可以拉到一些广告。但面子是无法长久管用的，总是越用越薄，渐渐地，锡琳在报馆的工作越来越不如意了，于是他就萌生了离开夏威夷去美国本土发展的念头。

也算是天遂人愿吧，恰逢此时，位于蒙特雷（Monterey）的加利福尼亚陆军语言学校需要一个教授广东话的老师，他们联系到了锡琳，而锡琳也很喜欢这份工作，他就离开了檀香山去加州任教，我和母亲、孩子还是决定暂时留在檀香山。那个时候，我们手持的是“中华民国护照”，还不是美国公民，假如加州那边学校的生源不足，他们也有可能辞退教师的，若是那样，我们的生活就失去了一切保障，所以我们不敢轻易离开檀香山，这里不管怎么说也算是个可依靠的根据地。

随着我们第二个孩子黄汉琪和第三个孩子黄汉颐的出生，家里的开支越来越大。为了生活，我不敢放弃工作，做起事来也更不敢懈怠。可是在报馆的工作薪水太低了，无法支撑家里的吃穿用度，我不得不又重新找了一份在医院做会计的差事。这还得感谢我在交大念的财务管理专业，它为我打下了扎实的财务基础，让我得以胜任这份工作。

在檀香山最大的医院皇后医院，我从出纳开始做起。因为我的工作态度认真，业务能力也比较强，工作不久便被晋升到更高的职位。由于家里有三个孩子，我需要照料并管教他们，同时还得做翻译、教书，所以我向上司提出，请求能在夜间去医院做财务审核，核查白天的账目，这样我每天晚上七点去医院，把当天所有的账目审核一下，白天就不会耽误做别的工作了。上司了解到我的状况，通情达理地答应了。

做了一段时间以后，我出色的表现得到了医院领导的赞赏，于是被提升为整个医院主管预算和出纳的主任，掌管的权力也越来越大。我在檀香山皇后医院工作了三年，这份工作不但给我带来了经济上的安全感，也给我带来了巨大的成就感，我对自己的工作能力也越来越有信心。

我们的院长是个很有远见的人，1956年的时候，他就提议要把整个医院的财务系统改成计算机操作，所以院长跟我商量，计划选派我去学计算机，回来后负责整个财务系统的革新，但那时我已经有离开檀香山的打算，我担心自己学习完了回到医院马上离开的话，会辜负医院的好意，于是我只能婉拒了院长的安排。直到现在，我仍然想，如果当时我不考虑那么多，抓住这个机会去学计算机的话，那么今天我的人生可能又是另一番境况：也许我不是好莱坞的演员，而是财务界使用计算机的前辈了。

## 迁往加州

锡琳来信说，他在加利福尼亚工作的语言学校有一个教授国语的职位空缺，问我是否愿意也去教书。为了能够全家团圆，我万分不舍地辞去了医院的工作。1956年，我们全家从檀香山搬到了加利福尼亚的蒙特雷。

蒙特雷是美国西海岸最美丽的一个半岛，也是加州历史最悠久的城市，在西班牙和墨西哥时代，曾是加州首府。来加州前，很多朋友跟我说蒙特雷湾是北加州最著名的海滨度假胜地，而蒙特雷市是蒙特雷湾最著名的观光旅游城市，朋友们还有些羡慕我，以为我可以经常去海边度假游玩了。

他们哪里晓得我换了个地方，还要继续为生计奔忙啊。到了蒙特雷之后，我应聘到陆军语言学校中文系开始教国语。在这所军校里，由于美国军事部署的需要，开设了四十八种语言的教学课程，读书的学生来自陆军、海军、情报等各个专业，学生多的时候，学校就会多聘一些教师，也会根据国际形势的变化，选聘不同的语言教师。

我教的都是初级班，给学生们教授简单的拼音和语言，用的都是学校自己编撰的教材。每天上四节课，其余时间都在办公室答疑。

然而，在这所学校教书是不太有保障的，如果某个语言班学生不够，课程就停了，也不再会聘用教师。那时候，我是资历最浅的教师，教了一段时间后，中美关系发生变化，教学班减少了，我就失业了。

在蒙特雷找工作是很难的，因为那里是军事基地，有很多驻军，还有很多年轻军官和士兵的家属，她们都在找工作。我的资历跟她们相比，属于比较浅的，所以很难找到满意的工作。

## 重拾表演

在国内的时候，从小到大，虽然没有正式拜师学艺，但在学校里我总还能有粉墨登台的机会，也算能过把演戏瘾。可到了美国之后，这样的机会就很少了，迫于生活的压力，我恨不得所有的时间都去工作，连听戏看演出的机会都很少，更别提自己参加表演。眼见着我所钟爱的舞台离我日渐遥远，心里常常感到失落。

在那段时间，唯一一次是 1955 年，还在夏威夷的时候，我作为群众演员第一次上镜。那是简·拉塞尔（Jane Russell）主演的影片《舞国奇女子》（*The Revolt of Mamie Stover*）在夏威夷取景，剧组要招募群众演员，需要两个年轻漂亮的青年男女。我抱着试试看的心态去报名，没想到被录用了。穿上泳装化好妆后，我和另外一位男青年被副导演带到了离主角们很远很远的一块礁石上，他告诉我们坐在那里，做谈恋爱状。我俩顶着烈日，乖乖坐在那里，还不时要说笑或耳语。晒了大半天，也没人管我们。实在是晒得扛不住了，我们只好自行撤回。等到了剧组大本营才知道，那天海边的几场戏早拍完了，我和那位男搭档只是导演镜头里远远的背景罢了，实在是无关轻重，以至于他们都忘了我们的存在，收工竟忘了通知我们一声。

因为工作实在难找，大部分时间我只能待在家里照看孩子，陪伴母亲。这样也就有了一点的空余时间，空下来的时候我就在家里吊吊嗓子，跟着留声机哼唱几句。慢慢地，这也给了我一个启发：既然我这么热衷表演，为什么不尝试一下演戏呢？把自己的兴趣和工作结合起来，岂不妙哉？而且做演员工作，一方面赚的钱比较多，另一方面时间也比较自由，有机会就演戏，没有戏的时候，我还可以在家陪孩子。这个突然萌生的念头在我脑海里愈来愈明晰，也愈来愈强烈，我向锡琳提出了我的想法。

锡琳非常通情达理，他跟我说："我知道，你自幼就喜欢演戏，来美国后，一直也没有机会登台，你如果觉得自己有这方面的才干，那就尝试一下，否则这一生都会有遗憾。好莱坞有很多明星，美女如云，竞争非常激烈，你现在年纪也不小了，应该抓紧机会去试试，即使不成功的话，再回来做别的工作，今生也就无憾了。"

锡琳的这番话，我现在回想起来，依然记忆犹新，仿佛说话的情景就发生在昨日。直到现在我仍然感谢我的丈夫，在生活还不富裕，还不安稳的时候，他能够给我充分的尊重和理解，给我发展自己的空间。同样我也非常感激我的母亲，她一直帮我分担家务，照看孩子，解除了我的后顾之忧。

在加利福尼亚，有个很有名望的演艺学校叫帕萨迪纳戏剧学院（Pasadena Playhouse），这个学校培养了很多当时很有名气的演员，如演《怪贼飞天狐》的维克多·迈彻（Victor Mature）和演《大盗伏尸记》的乔治·纳德（George Nader）都是从这个学校毕业的。在这所学校学习并不需要很长的时间，只需修读两年，就可以拿到一个学历，有了这个学历，就可以在电影圈从业，当一名正式的演员了。

生出这个念头后，我还冒昧地给前文提到的梅先生故交玛丽·碧克馥（Mary Pickford）写了封信，在信中，我忐忑地告诉她我从艺的想法，希望能得到她的指点。没想到碧克馥十分热情地邀请我去她家做客，见面后不但给了我一些点拨，还对我大加鼓励，非常坚定地支持我选择从艺这条道路。

得到了家人的支持，又有了专业人士的指导，经过一番考察之后，我就向帕萨迪纳戏剧学院递交了入学申请。为了方便读书，我一个人在学校附近租了一个小房子，全身心投入到学业中。

进入帕萨迪纳戏剧学院学习，意味着我的职业表演生涯从此起步。在这之后的时光，表演成为我毕生奋斗的事业，而我也成为在好莱坞打拼的第一代华人演员。

第六章

# 三十而立

对于一名演员来说，二八豆蔻，该是最芳菲的年华，然而当我开始涉足表演的时候，已年届三十，而且是三个孩子的母亲了。尽管如此，我并未气馁，因为在我的心里，一位出色的演员靠的是精湛的演技，她的美丽和魅力源自透明纯净的内心。

## 二度赴学堂

为了成为一名专业演员，我暂时离开了家人，从蒙特雷迁到了帕萨迪纳。阔别上海的母校，十年后能在异国他乡重返校园，这些许弥补了我十年前的遗憾，对我也算是一种安慰。

我是 1957 年 9 月入学的，1959 年上半年就修读完成了所有课程，并在一年半的时间内顺利毕业，成为帕萨迪纳戏剧学院毕业的第一位东方学生。

在学校里读的课程我至今记忆犹新，专业的培养体系让我打下了扎实的演艺基础。记得除了修读戏剧理论、世界戏剧史等理论知识外，学院还开设了古典剧、现代剧、阅读剧本等专业课程，此外我还修读了舞蹈、击剑、化妆、服装、道具、舞台装置、灯光等辅助课程。

同届的同学有二十多人，其中很多都是参加过二战的退役军人，是国家出钱资助他们念书。后来大名鼎鼎的达斯汀・霍夫曼（ Dustin Hoffman ）以及吉恩・哈克曼（Gene Hackman）都是我的校友，他们高我半届。霍夫曼读书的时候远不如后来那么出众，曾经多次被老师劝退，因为老师觉得他的形象“既不高大也不英俊，而且入戏太慢”。

▲
1958 年，在帕萨迪纳戏剧学院读书时期，周末回到蒙特瑞家中，拍摄于自家庭院，自然、沉静的休闲时刻。

1962 年前后，在家中辅导两个女儿汉琪（左一）、汉颐（左二）学习钢琴。

每天的课程排得很紧，从上午八点一直到下午五点，其中有三个钟头都是在排戏。晚上在学校的剧场都有演出，一年级的学生去观摩，高年级的则要参加表演，或参与舞台装置、音响灯光、导演助理以及舞台监督。学校有三个实验剧场和一个环形剧场，每个星期都会换一次新戏。

在校园里的生活，我们可以说是整天都“泡”在戏里。除了四个小剧场之外，学校里另有个公开售票的大型剧场，那些经典的精彩剧目可以连演一个多月，有时也会换新戏。这个大剧场经常请当时剧坛上有名气的人来担任主角，由学校里高年级的同学担任配角或兼任后台工作，学生们经过不断实践和历练，学以致用，日后再从事演艺工作便很容易适应了。

## 崭露头角

在帕萨迪纳戏剧学院不到两年时间里，我的表演才华逐渐展露出来，慢慢有了名气。校长布朗（Brown）先生平常总会看我们的小品演出，他说我在舞台上有一种特别的光芒，所以非常器重我。每一期学生毕业，学校都会举行盛大的毕业公演，挑选本届最出色的学生担纲主演，我们那届毕业时，我很荣幸地被选中了。因为我长着一张东方面孔，所以学校特地为我选择排演了著名的东方剧作《秋月茶室》（*The Teahouse of the August Moon*），还请来百老汇当红的名角儿和我配戏。

那个时候还没有很出名的中国剧本流传到美国，《秋月茶室》是由流传很广的日本故事改编的舞台剧，在百老汇很受欢迎。这是一部描写东西方文化冲突的喜剧，

在帕萨迪纳戏剧学院，我饰演希腊悲剧《阿伽门农》（*Agamemnon*）中的卡珊德拉（Cassandra）一角。

讲的是二战结束时，在日本的美国驻军对当地的风俗习惯知之甚少，结果被担任翻译的冲绳小流氓佐佐木耍来耍去，闹了很多笑话的故事。后来这部舞台剧还被搬上了银幕，扮演日本翻译的是马龙·白兰度（Marlon Brando）。

《秋月茶室》在学校的大剧场公演了七天，场场爆满。在这部戏里，我主演的是一名日本艺伎，为了演好这个角色，我开始学跳日本舞，向日本人学说标准的日语，下了十足的功夫，最后演出获得了巨大成功。《洛杉矶时报》上有报道评价我的演出“神采奕奕，舞蹈优美”。玛丽·碧克馥也特地来观看我的演出，在当地一时引起轰动。后来我得知香港第一代影后林黛，那时正好到美国进修，也特地来观摩了我的演出。同期的同学达斯汀·霍夫曼与吉尼·哈克曼，虽未有机会在毕业公演的时候挑大梁，却都雄心勃勃地进军纽约百老汇，后来都卓有成就，终成一代巨星。

当时的美国演艺圈，舞台剧非常流行，大家都崇尚东岸的演员，认为东岸的艺术水准比西岸高。所以想要追求高水平的演技，就得去百老汇磨炼。我毕业公演大获成功后，完全可以借这个热度大展拳脚，向美国东岸进军，但考虑到年迈的母亲和年幼的孩子，还是暂缓了脚步，决定留在好莱坞慢慢酝酿。

## 实验员插曲

从帕萨迪纳戏剧学院毕业后，因为暂时没接到戏，而生活的重担仍然在，我不得不另谋差事。

在好莱坞，年轻未婚的女演员签约了公司后，就像员工一样，由公司统一安排食宿，制造绯闻，安排曝光等，一切都由公司包办。而我从开始便和她们不同。

为了生计，我去洛杉矶最大的公立医院应聘，希望找一份会计工作。

那天，我在医院的人事部门刚填好申请表，正好遇到一位身着白大褂的医生走了进来，原来他是该医院实验室的主任汉斯·法兰科博士（Dr. Hans Frankel）。他发现我是位求职者后，就问我，你想找事情做，那你有什么资历呢？我说我没有医学领域的工作资历，但以前在医院做过财务工作。他又问我是否有化学方面的背景，我只是在中学时候念过化学，就如实地告诉了他。他说希望招一个实验员，不需要太多专业背景，更多是要求准确、细致，而且责任心要特别强，问我是否有兴趣。虽然我没有做过类似的工作，但对于这个从天而降的工作机遇，我肯定不愿意放弃，于是表示愿意尝试一下。

汉斯·法兰科主任告诉我，这份工作的上班时间是早晨八点到下午五点，工作内容主要是测试烟草对于小动物的影响，要做一些数据记录，为他们研究烟草对于人体的损害提供参考。当了解这一工作的具体程序后，我就想，或许这个工作我不一定在白天做，这样的话如果有演戏的机会我还可以去应征试镜。既然心里这么想，我就直接跟实验室主任说出了我的想法。他是个很善解人意的人，说："没关系，如果你要出去试镜，可以出去，只要把上班的时间补回来就行，把实验时间都掐准了，只要每天都记录清楚就行，一个星期做够四十个钟头，就算是完成工作任务了。"就这样，我开始了我的实验员工作。

在这家医院工作的同时，只要遇到演戏的机会，我都会去争取。那时候我还算

▲

20 世纪 60 年代，好莱坞用来宣传演员的明信片，印有演员姓名、经纪人姓名、电话和公司地址。

60年代明信片上的公告，当年二月我有三部电视剧同时播出，分别是《中国蜜月》《东方之月》《夜莺曲》。

年轻，而且刚在学校里受过专业的训练，剧本看了一遍之后基本就能背熟，试音或试镜后，常常效果都不错，所以十有八九都会被剧组录用。

当时接拍的戏虽然戏份不多，可零零碎碎的并不少，常常会影响到我在医院的工作，于是我就利用傍晚和周末的时间去加班补上耽误的工作。慢慢地，戏接得越来越多，累积欠下的工作时间也越来越多，即使用上礼拜六和礼拜天也都补不完，为了不耽误实验室的工作，最后我只能提出辞职。

## 艰难的亮相

帕萨迪纳戏剧学院的校长布朗先生曾推荐我去参加即将开拍的电影《飞虎娇娃》（*China Doll*），为了早日成为美国演艺工会的成员，寻求更高更远的发展空间，我非常在意这次出演的机会。这是一部战争影片，女性都是配角，所以每个出场都被要求尽量性感惹火，夺人眼球。

于是我战战兢兢地和影片的导演弗兰克·鲍沙其（Frank Borzage）会面，谁料导演抱歉地告诉我说，剧里的角色都已经有了人选，没有合适的角色让我演出。就这样，第一次我被回绝了。

但是我仍心有不甘，既然这是一部中国题材的影片，怎么样都应该会有适合中国人的角色，于是我第二次去找导演协商。导演还是面露难色，告诉我说影片只有一个酒吧女郎的角色尚未落实，但这个角色的形象要求是那种很妖冶风骚类型的，不合适我出演，于是，我第二次又被拒绝了。

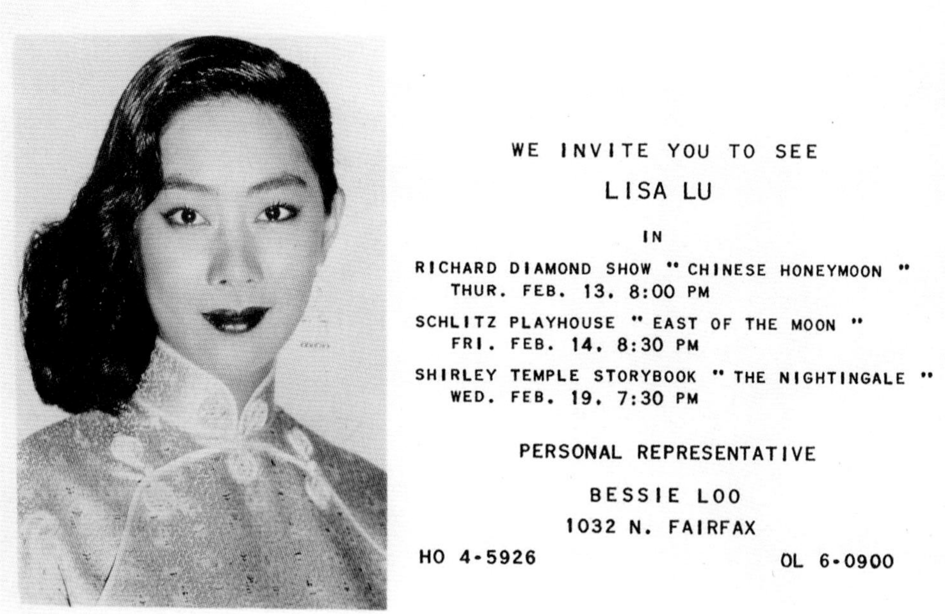
WE INVITE YOU TO SEE
LISA LU
IN
RICHARD DIAMOND SHOW " CHINESE HONEYMOON "
THUR. FEB. 13, 8:00 PM
SCHLITZ PLAYHOUSE " EAST OF THE MOON "
FRI. FEB. 14, 8:30 PM
SHIRLEY TEMPLE STORYBOOK " THE NIGHTINGALE "
WED. FEB. 19, 7:30 PM
PERSONAL REPRESENTATIVE
BESSIE LOO
1032 N. FAIRFAX
HO 4-5926 OL 6-0900

我无比失落地回到家，越想越不甘心，我为什么就不能演一个妖冶的酒吧女郎呢？毕竟我是受过专业训练的演员啊，本就应该为角色塑造自己。就这样，我第三次找到了导演，希望他能给我机会试演一下这个角色。也许导演是被我的诚意打动了吧，终于同意让我试镜。我没有让他失望，也没有辜负自己这样三番五次的执着，试镜后，我顺利获得了出演这个小角色的机会。

这是我出演的第一部电影，虽然只是一个名不见经传的普通小角色，但对我却有着非凡的意义。我努力争取，从不轻言放弃，最终为自己赢来了这个机会，成为演员工会的一员。回想起当初在大光明影院做译意风小姐的那一刻，我从未想到我自己的表演也能通过胶片的记录呈现在全世界的大银幕上，这一切是那样的真实，却又那样的虚幻。

在好莱坞，电影的拍摄制作也遵循严格的工业流程。那个时候好莱坞的影片拍摄已经非常专业化了，几点到片场，几点化妆，几点换服装上场，都有着严格的时间表，演员超过工作时间便要补付逾时费，尤其是拍电视。因此候场等待拍戏的现象很少见，拍戏的效率非常高。大明星要大牌的事情当然也有，但不太常见，大多数的明星都是敬业且有修养的。而对于包括我在内的绝大多数普通演员，守时守规是基本的职业素养。我一直坚信，做好自己才能赢得他人的尊重，不管是做演员还是从事其他职业。

到 1959 年年底，我已经积累了一些电视和电影演出的经验，表演水平在业内亦有了一些声誉。由马龙 · 白兰度自导自演的影片《独眼龙》（*One-eyed Jacks*）剧组招聘演员，里面有一个在酒吧工作的亚洲女性角色，当时几乎所有在好莱坞工作的东方人都期望得到这个角色。经过数轮的选拔淘汰，马龙 · 白兰度最终选定了我。

拍《独眼龙》的时候，我所扮演角色的场景是在蒙特里海滩拍摄的，也就是我曾经执教过的陆军语言学校的所在地。为了拍这部影片，剧组特别搭建了一座村庄当布景。我到那边拍戏的时候，以前我工作的学校的同学们都很惊讶也很骄傲："啊，我们以前的老师成好莱坞明星了！"

《独眼龙》是马龙 · 白兰度首部执导的影片，所以他特别认真，每个镜头都力求完美。在影片里，我的角色是影片的一段支线。我所扮演的酒店女郎和他有一场所谓的"激情戏"，讲的是男主角酒后和酒店女郎发生身体关系。为了达到逼真的效果，他每次拍戏前真的会喝酒，让自己进入微醺状态，因此每次都选周五拍这场戏，避免因宿醉影响第二天的工作。就这样，这场戏反反复复拍了好几个星期。那个时代还很保守，拍戏的尺度也很紧，为了表现出这场戏的真实，又要避免不能通过电检处（电影或电视检查及制定分级的单位）的条款而反复拍摄和剪辑，因此在拍摄

▲

60 年代初，在马龙 · 白兰度（Marlon Brando）主演的《丑陋的美国人》（*The Ugly American*）片场中担任对白指导。

之前，我们花了很多时间研究并分解每一个动作。

《独眼龙》关机后，马龙·白兰度初剪后的影片仍有十八个小时，不得已之下，他剪去了我的不少镜头。为此，他还专门给我打电话诚恳地表示歉意，他说："Lisa，你演得非常好，但影片长度有限，我只能剪掉你很多镜头，非常抱歉。这里是好莱坞，充满了躁动与不安，而你的表演风格纯朴又自然，我希望你不要改变，记住，千万别让好莱坞改变你。"

## 《山路》十八弯

1957 年，电影制作人威廉·戈茨（William Goetz）出品的日本艺伎题材的电影《樱花恋》取得了可观的票房收入，于是他们顺着这个市场开拓，购下当时的畅销小说《山路》的版权，计划投资拍摄新电影《山路》（*The Mountain Road*）。起初，制片人想让《樱花恋》的女主角高美以子（Miiko Taka）出任《山路》的女主角，可这位演员虽相貌出众，却非科班出身，由于这是一部关于中国抗战题材的影片，发行商哥伦比亚电影公司感觉到她的表演功力不够，希望在全球公开征选女主角。海选的最后结果就是剩下我和高美以子 PK。

因为是出演女主角，而且角色是一位受过高等教育的中国人，我非常珍惜这个难得的机会。试镜之前，我请我的先生和母亲做我的观众，在一旁给我指点。看完我的表演后，母亲对我说："这是电影表演，除了要表现你的情绪之外，更要顾及你在银幕上展现给观众的仪态，作为一个受过高等教育的中国妇人，即便是控诉，也要保持

▲
电影《山路》定妆照。

电影《山路》拍摄现场，我坐在摄影师的位置上。

一个端庄、自尊的形象。尤其是在特写的镜头里，在愤怒哭泣时也要兼顾美感。”在母亲的指点下，我调整了自己的表演。试镜时，我淡定从容、发自肺腑的表演获得了制片人的青睐，于是就定下来由我出演《山路》的女主角，这是我第一次在好莱坞大制作的影片中出演主角。

虽然剧本讲的是关于中国的故事，但因为当时中美还没有邦交，无法到中国境内取景拍摄，剧组还需要大量的中国人做临时演员。权衡之下，只能选择与中国的重庆、贵阳有着相似山形地貌的区域，还要有不少华人移民的地方，摄制组挑来选去，将拍摄地定在亚利桑那州的凤凰城（Phoenix City）。

《山路》这部片子可谓大牌云集，有五位得过奥斯卡金像奖的艺术家，分别是导演、摄影、主演、配角和音乐。演员阵容也非常强大，詹姆斯·史都华（James Stewart）出任影片的男主角。为了模拟战时的真实场景，剧组还请到了一位参加过抗日战争的将军担任军事指导。

剧组在凤凰城的山里搭了外景地，那个地方离城中心的住处非常远。每天凌晨三点半，从当地侨民和亚裔学生中挑选出来的临时演员就必须坐上大卡车，被送到位于深山里的外景地，而我们这些主要演员则是清晨五、六点坐军用直升机到拍摄地，条件异常艰苦。

夏季在凤凰城拍戏，温度永远在华氏一百度（约等于摄氏三十八度）以上，而且因为是沙漠气候，空气非常干燥。我从中国大陆到美国后一直生活在位于海岸线的地方，从未感受过如此闷热。记得我有一场戏是从山下一直往山上跑，由于天气

又热又闷，跑到半路，我就两眼有些昏花，感觉人就要虚脱倒下了。可是那时却未想到要停下休息，很担心万一重拍会影响到拍摄的进度，于是就咬着牙一股劲地往上跑，尽全力完成拍摄。待导演说完“cut”后终于体力不支，一下子倒了下去。

那时演员的心中只会以完成导演的要求为重，从未想到过借机炒作。试想当时我若想制造新闻靠卖惨炒作自己，完全可以中途倒地不起，佯装中暑状，相信肯定会成为翌晨的娱乐版头条新闻。

拍摄时，不谙圈内“规则”的我建议导演让片中中方演员讲官话，并从加州语言学校请来很多华人同事做群众演员，却没想到此举得罪了不少圈内人，令一些讲粤语的华裔演员丢了饭碗。

一百天快马加鞭的拍摄之后，《山路》顺利关机。1960 年秋季，《山路》在全美上映。

然而这件事并没我想得那般美好。在和剧组签约的时候，我发现在影片的片头和宣传海报上，印我的名字的字号大小只有男主角名字的百分之七十五，这令我非常不满。因为我知道，在美国影视界，演员的等级（番位）常常是通过片头和海报上名字的字号来体现的。于是，我就向经纪人提出了反对意见。我的理由是，既然我也是主角，我的名字就应该与男主角同等字号，不能因为我是东方人就把我的名字缩小，以此来歧视亚裔演员。经纪人对我说：“你已经得到东方人中最好的待遇了，你还想要怎样呢？”可我仍然不愿妥协，我既然出演了主角，在好莱坞就要跟其他主角齐名，华人不应该受到歧视，虽是字号大小，但事关尊严。

拍摄电影《山路》的外景地。

电影《山路》服装师为我做的造型，我认为这个“中国人逃难戴的帽子”不合乎现实，但导演觉得好看，坚持要我戴。

经纪人在几番交涉后告诉我，詹姆斯·史都华一向和制片公司有合约，凡是他演出的片子，没人可以跟他齐名。我虽半信半疑，但也只好作罢。直到后来我发现在影片《后窗》里，葛蕾丝·凯利（Grace Kelly）的名字也只有百分之七十五大小，才证实了在史都华的影片里，任何一位女主角在银幕上都只能挂百分七十五大小的名字。但那时我并不了解这点，觉得是他们歧视中国人，因此总要据理力争。

在我之前，华裔女演员只有黄柳霜[1]曾在好莱坞影片中出演过主角，她是出生在美国的华侨，先到伦敦发展，后来再转战好莱坞，而我则是生长在中国，后来进入好莱坞的第一个华人女主角。

《山路》虽然投资巨大，但上映之后却未获得预期的成功，票房惨淡，不禁令人遗憾。剧组每个演职人员都尽心尽力，但是并没有拍出一部激动人心的战争片，最终剪辑出的片子也未能打动观众。这部电影的档期也不长，作为战争片，它缺乏战争美学所呈现的那种残酷、残破、壮烈和豪迈的艺术美感，也无法引起处于和平年代的美国观众的共鸣，票房不尽如人意。倒是我 60 年代去台湾的时候，台湾观众对这部电影有着更深刻的认同。

但不管怎么说，《山路》奠定了我在好莱坞的地位，我也因为这部影片，在当

1. 黄柳霜（Anna May Wong），女，1905 年出生于洛杉矶，是第一位美籍华人好莱坞影星。在影片《红灯照》中首次登上银幕，后在《羞耻》《海上灾祸》《雷鸣的黎明》等片中演出。1924 年，在 D. 范朋克主演的神话片《巴格达窃贼》中扮演蒙古女奴一角而成名。1961 年初，因心脏病发作去世。

年美国《银幕季刊》上被评为好莱坞新晋优秀演员第三名。

可我丝毫没有成为明星的感觉，也没有纷至沓来的片约。和从前一样，我在寻觅和等待中，过着平常的日子。

## 创业“丽林园”

我的演艺事业逐渐稳定后，1959年，锡琳辞去了教职，我们全家迁至洛杉矶。连续从事演艺工作，使我们这个小家终于有了一些积蓄。我们在洛杉矶买了自己的居所，算是有了自己的窝。1960年底，我们又花了八千美元盘下位于洛杉矶市中心的一家咖啡店，聘请了来自广东的厨师，将原来卖咖啡改为经营中国快餐，我们给它取名为“丽林园”。自此，锡琳开始专心经营餐馆，而我在演戏之余也常去餐馆帮忙。

丽林园面积虽不大，但地段好，周边都是写字楼，人流量大，加上我们餐馆的服务周到、快捷，菜品经过改良也适合美国人的口味，所以总是门庭若市，一到饭点，门口都会排起长龙。我们的定位是自助式快餐，芙蓉蛋、叉烧、酱汁排骨、酱油鸡都是丽林园的特色，另外还供应咖啡和茶。餐馆雇用了两个厨师，一个洗碗工，三个收盘工，锡琳亲自收银。因为生意红火，不到一年就收回成本。锡琳见生意好，就开始盘算着扩大规模。十年后，我们在好莱坞开了第二家分店。

## 不待扬鞭自奋蹄

我很享受每天在剧组工作的状态，一旦没戏拍，就会觉得浑身不自在，无所适从。

为了保持自己的演艺状态，我就自己想办法，抓住一切机会在荧屏和舞台拓展自己的事业。

那时有个东方话剧《苏丝黄的世界》在招演员，我就去应征了。然而制片人乍一见我却不相信我是中国人，他觉得我的个子过于高挑，和角色相差很大，就直接拒绝了我。

这之后我又多次应征角色，制片人在物色东方角色时，都只是草草瞥上一眼，若觉得我的外形跟他心目中的东方女性角色不符，就根本不给我试戏的机会。在他们的影片中，东方人的角色就只是一个他们心目中的一个固定符号而已，即便是偶尔获得了拍摄的机会，在剧中也会被要求穿根本不符合中国或东方当下现实的所谓“汉服”，一招一式都要按照他们对东方人的刻板印象举手投足，导演们这样荒唐的想法真是不胜枚举，但只要我碰到，我都会据理力争，纠正他们对东方人形象的错误认识。

尽管在争取角色时备受冷遇，我仍然没有气馁，也没有放弃，屡败屡战。后来根据黎锦扬先生的同名小说《花鼓歌》（*Flower Drum Song*）改编的歌舞剧在百老汇演出，制片在全美寻找主角，我自然也前去应征了。黎锦扬先生 1915 年出生于湖南湘潭，是湖湘望族“黎氏八骏”之一，他早年毕业于西南联大，后来赴美在纽约哥伦比亚大学修习比较文学，最后还拿到了耶鲁大学戏剧硕士学位。他是二战后最早以中国人题材撰写英语小说的华人作家，《花鼓歌》就是他的第一部英文小说，当时还荣登了《纽约时报》畅销书排行榜，于是百老汇和好莱坞的编剧们就都闻着

60年代，年近四十岁的我出演《花鼓歌》中十六岁的“美丽”，被改编剧作家称为最好的一个“美丽”。

味儿来了。

百老汇这部剧的制片见到我，也产生了同样的疑惑，认为我不像中国人。在他们的眼里，中国人是一个很符号化的形象：甜美、小巧、圆圆的脸、细长的眼睛。而我的身高有一米七五，长长的瓜子脸，自然不符合他们心中的角色形象。虽然我做了多次努力，可往往最后连试戏的机会都没有。我听说后来舞台剧《花鼓歌》选了两个日本女演员出演，而电影版则专门去香港挑的演员，最后选中了中英混血的关南施。

直到1963年，时年三十六岁的我终于在洛杉矶获得了出演《花鼓歌》的机会，在剧中饰演十六岁的女主角“美丽”。没有人想到我本人与这位花季少女隔着二十年的距离，大家都以为我是个小女生，直到演出结束，我母亲带着我的儿子女儿来后台献花，所有人都大为惊讶。

《花鼓歌》剧本作者约瑟夫·菲尔茨（Joseph Fields）恰巧来看演出。看完了之后他特地到后台来跟我说：“你是我看到过的演得最好的‘美丽’，最贴近原作的形象。”我苦涩地笑了，由衷感激他的赞赏，他怎会知道曾经我连试戏的机会都没有得到啊。

那次演完《花鼓歌》，我在台上向观众谢幕，导演走了上来，对观众说：“我们的女主角今天正式成为美国的公民了。”台下的观众再次鼓掌向我祝贺。

是的，就在那天，我的入籍申请获得了通过。但我当时的心情真是五味杂陈。自己是个中国人，接受的是传统儒家教育，一心希望报效国家，但在异国他乡那种强烈的漂泊感，如无本之木，让人十分惶恐。为了生存，为了事业，我只能做此选择，既无奈又不舍。

作为在好莱坞奋斗的第一代华人演员，我尝遍了所有的艰辛和冷遇。在那个华人备受歧视的年代，我的声音是如此的微弱，但在不公的命运前，我从未退缩，也未停下追求梦想的脚步。

三十岁，我方才学习表演；三十岁，我有了第一个角色；而立之年，我成为好莱坞的女主角。尽管这一切来得晚了一些，但我内心始终充满希望，努力充实自己、提升自己。东隅已逝，桑榆非晚。我坚信，机遇终会眷顾有准备的人。

终于，几经奋斗，我赢得了属于自己的“黄金时代”。

第七章

# 黄金时代

人们通常把最美好、最夺目的时光称作“黄金时代”。对于一个演员来说，黄金时代莫过于载誉无数，莫过于家喻户晓。然而再璀璨的星光都会有黯淡的时候，不过纵然韶华和作品短暂如流星，可艺术和德行却是永恒的。

都说“人生如戏，戏如人生”，在我奋斗的岁月里，纵然有人情冷暖，诱惑无尽，但我始终坚持自己从艺和做人的信条：一切美丽源自透明纯净的心灵。

## 家喻户晓

在那个时代，好莱坞还不像现在这样全球化和多样化。那时都是西方电影的天下，鲜有东方的剧本，因此要出演一部大制作的电影常常要蛰伏好几年。可是一名演员如果几年都不拍戏，不出现在舞台、银幕和荧屏上，就会逐步淡出人们的视线，被观众遗忘，再想获得演出的机会就很难了。出于这种考虑，我开始接拍一些电视剧。

电视剧的拍摄周期快，剧本多，东方角色也不少。在电视剧里，我出演过中国人、日本人、韩国人，还演过菲律宾人和夏威夷人，只要是东方面孔的角色我都愿意尝试。那些年我参演过很多电视剧，其中不乏在全美热播的剧集。电视是一个受众面非常广泛的传播媒介，正因如此，我逐步成为美国影剧界的东方明星。

20 世纪 60 年代，美国最流行的是侦探片和西部片。我还记得最初参演的有一部名为《枪战英豪》（*Have Gun-Will Travel*）的电视连续剧，是关于保镖题材的，播出之后收视率非常高。这是一种分集剧情的电视剧模式，除了几个基本的演员之

20 世纪 60 年代，哥伦比亚电影公司为我拍摄的宣传照片。

20 世纪 60 年代，东方面孔的角色在好莱坞十分珍稀，我尽可能抓住每次机会，为此出演过中国人、韩国人、日本人、菲律宾人。左图为我在电视连续单元剧《夜莺曲》（*The Nightingale*）中出演一位日本公主的妆造。

20 世纪 60 年代在电视连续剧《枪战英豪》（*Have Gun -Will Travel*）中出演一位寻求保护的弱女子。

20 世纪 60 年代前后，我作为特约出演，在电视系列侦探剧《夏威夷神探》（*Hawaii Eye*）里扮演不同角色。右上图是在其中一集扮演的正面角色女主角，右下图则是在另一集中扮演的反面角色，一个骗子集团的女头头。

外，会根据每集的剧情特别聘用每集的特约主角，在其中一集里我受邀出演一位寻求保护的弱女子。在我的镜头完成后，制片公司觉得我演得很好，形象可爱，于是就请我担任基本演员，每集都会出现。虽然出镜率高，但每次出演都是一些简单的重复设定的角色，对我没有任何挑战。所以，尽管这部电视剧给我带来了不菲的收入和知名度，却由于角色缺乏出彩的剧情，唤不起我的激情，很快我就辞演了。

我出演特约主角集数最多的电视剧是一部名为《夏威夷神探》（*Hawaii Eye*）的侦探剧。这部剧由很多小故事组成，在多个故事里我都作为特约主演，饰演不同的人物，有不同的扮相。由于出演许多形象和性格特点迥异的角色，对演技是很大的挑战，但演起来特别过瘾。《夏威夷神探》播出后，反响热烈，好评如潮，成为当年最热播的电视剧之一。

对于一名演员来说，演技固然重要，但形象也非常重要，很多人还是介意银幕形象美丑的，尤其是女演员，我自然也不例外。我正式涉足表演领域时已经三十多岁，作为一名女演员，我最美丽的青春时光已过，所幸我尚未发福，身形还好。在一部名为《龙之日》（*Bonanza*：*Day of the Dragon*）的美国系列剧里，我出演了一位十六岁的少女，慧眸清澈，楚楚动人，这是我最喜欢的银幕形象之一。在这部剧播出后的剧评中，我的角色形象也获得了广泛赞誉。制作人本想趁热打铁，为我量身定制一部关于中国家庭的剧集，然而在论证的时候遭到了市场冷遇，这个计划只好搁浅。因此，这是我在银幕上留下的最年轻、美丽的形象，每次重温都有美好的回味，也算是弥补了我心头的一丝缺憾吧。

## 好莱坞同仁

都说好莱坞是名利场，人们戴着面具做游戏，人和人之间没有友谊，都是纯粹的利益关系。然而，身在其中的我，感受却不尽然。我始终信奉的是，你愿意把世界想象成什么样，它就会那样。所以我宁愿相信一切都是简单且美好的。

作为在好莱坞奋斗的华人演员，和我同时代奋斗的伙伴并不多。我开始从艺时，黄柳霜早已息影，而其他个别华裔演员多来自香港、菲律宾，大家也少有交集。因为文化方面的差异，我和西方的明星大多也是点头之交，除了工作，大家来往甚少。

与我交好的好莱坞友人中，奥黛丽·赫本（Audrey Hepburn）算是一个。她的爱情之路不算平坦，却从不放弃对真爱的追求；她的人生之旅不算漫长，但每一步都走得那样精彩。她永怀救世之心，一副侠骨柔肠。在好莱坞从影的岁月里，我与她相识、相知是我的幸运。

20 世纪 60 年代初，我和奥黛丽·赫本都在派拉蒙（Paramont）片场拍戏。赫本因《罗马假日》成为风靡世界的明星，却丝毫没有架子，她执着于艺术上的完美，也追求内在的修为，所以她的风度和优雅让世界为之倾倒。赫本当时正在拍摄《蒂凡尼的早餐》——曾被誉为“美国最受欢迎的喜剧片”之一。而我也正在参演一部当时最受欢迎的电视剧。恰巧我们俩各自参演的两部戏影棚相邻，就这样我和赫本有了会面之缘。

在片场的赫本完全沉浸在角色中，把剧中对金钱和物质极度崇拜却又不失天真

赫本送给我的粉盒。这个粉盒陪伴了我三十年，现藏上海交通大学校史博物馆。

善良的女主角霍莉（Holly）表演得炉火纯青。在戏外，她就像欧洲宫廷里温柔善良的公主，永远散发出流光溢彩的贵族气质。我们见第一面就互生好感，可谓倾盖如故。她说她一直对东方的神秘气质非常向往，所以很喜欢和我聊天。我们从演艺畅谈到家庭，甚至是人生的哲理，她清澈的双眸似乎蕴含了无限的智慧，我深深为之折服。

因为是中国人的缘故，平日里我常穿着旗袍去片场，这引起了赫本的兴趣。她对我的每一件旗袍都不吝溢美之词，说也渴望拥有一件。于是，我就送了她一块做旗袍用的粉色绣花丝绸缎料，还把我的一件旗袍借给了她，给她做样式，后来她找了设计师为自己量身定做了一件夜礼服。很遗憾，我没能看到她穿旗袍的样子，我想那一定很美，像是一个优雅神秘的东方女子。后来，赫本送给我一个精致的粉盒，粉盒的背面刻着：Lisa with love，From Audrey。Lisa 是我的英文名。这个粉盒陪伴了我三十年，直到后来我将它赠予母校上海交通大学校史博物馆永久收藏。

如果不是上帝过早召回天使，她该与我一样，也是一个耄耋老人了，她一定还在躬耕于她毕生追求的世界儿童慈善事业。赫本不盲从流行，不迷信性感，固守着从容和淡定，她的仁爱之心永存世间。赫本有一段有关美丽的箴言，就是她自己的写照。

想拥有美丽动人的嘴唇，请用仁慈，温和的言语。

想拥有可爱明媚的眼睛，请用它寻索别人的优点。

想拥有窈窕的身材，请和饥饿的人们分享食物。

1969年，在电影《董夫人》拍摄现场，中间为导演唐书璇，左一为男主角乔宏。凭借此片，我获得了1971年第九届金马奖最佳女主角奖。

想拥有漂亮的秀发，请每天让孩子们给你梳一次头。

想拥有优雅的仪态，请深信友情、亲情永伴随着你，坦然而自信。

请记得人比物件更需要念旧。时常联络，增进情谊；冰释前嫌，重塑友爱，永不拒人于千里之外。

想要寻求帮助的时候，在你双臂的尽头，会有一双永远为您服务的手。

岁月流逝后，您会发现，一只满足了自己，另一只援助了他人。

明星们因为被光环笼罩着，所以在广大影迷的心中似乎总是那么遥不可及，其实明星中的很多人，在生活中和普通人一样，也有喜怒哀乐，也有独特的小性情。

还记得20世纪60年代，已经成为摩纳哥王妃的格蕾丝·凯利，我就曾和她一起在台北的早餐摊上吃豆浆油条，看当地人打太极拳。她是那样的有淑女气质，就像中国的大家闺秀，可举手投足间又不失小家碧玉般的灵动活泼，着实叫人喜欢。

在我认识的好莱坞男演员中，加里·格兰特（Cary Grant）是绝对的热心肠。记得第一次去他办公室，我还略有些紧张，他却十分热情地走过来，“啊！Lisa！”旋即给了我一个热烈的拥抱，被他抱住的那一刹那我浑身像触电一般，仿佛少女见到了心仪很久的偶像。当他得知我是几个孩子的母亲，还好几次差人到我家，给我的孩子送各种新奇的玩具。

我合作过的演员很多，其中也不乏巨星，但是能相识相知的却是寥寥。尽管美国是个包容性很强的国度，但是文化的巨大差异，使得大家彼此心里始终隐隐隔着一些距离，大多只是相互点头，颔首而笑，想结为莫逆之交是一种奢望。

## “华语”首约

我一直期待能够拍摄华语影片，可惜苦于没有机缘。因为《山路》在香港和台湾的上映，我在华人圈也有了一些知名度。我也曾给香港的邵氏写信毛遂自荐，但一直是石沉大海，没有回音。那个时代的华语电影多是“以区域划分，各自为政”，我和他们鲜有当面的交流，在好莱坞也少有华人担任导演，因此在拍电视剧的间隙，我一直在茫然地等待时机。

直到 1969 年，我才出演了唐书璇导演的影片《董夫人》（*The Arch*），这是我接拍的第一部华语电影，它开启了我进军华语电影的大门。《董夫人》的拍摄可谓一波三折，虽然终有所成，但这期间包含了诸多隐忍与艰辛。

让我们把时间倒回到 1968 年，当时我读到一个剧本《贞节牌坊》，讲的是明代

一位守寡的少妇，恪守妇道，孝敬婆婆，抚养女儿成人的事。她的故事被皇上知道后，皇上认为要弘扬这样的礼教，于是要为她树“牌坊”。此时，村里来了一队军人，因为村子小，士兵人数多，村长安排军官暂时寄住在环境幽静的董家。不想经过多日相处，军官和少妇之间产生了微妙的情愫，而少妇的女儿也同时爱上了军官。少妇无法摆脱封建礼教的束缚，不敢表达她的爱情，更不敢接受军官的爱。最终她只能成全女儿，自己去接受所谓的“贞节牌坊”。这是一个很能体现中国传统的题材，剧中的女性角色非常有张力，特别吸引我。我在美国演了那么多年戏，演的都是外国人想象中的中国妇女，那些女性角色没受过教育，行为粗俗，做着最底层的工作。为了让外国人见识了解不一样的中国妇女，我特别想尝试剧本里的这个角色。

我得知将要把这个剧本搬上银幕的导演唐书璇是一位女性，是从台湾赴美国南加州大学进修导演的，我一向希望能有中国导演在好莱坞发展，更希望有一位中国

1969 年，与《董夫人》摄影师祁和熙一起，我对摄影技术非常感兴趣，拍戏间隙，常常在摄影机后面研究镜头的运用。

女性导演立足于好莱坞，而我自己也被剧本中的角色吸引，便向她举荐了我自己，并表示可以“不要报酬出演”，这样可以令影片制作的经费宽裕一点。但或许是她那会儿觉得我名气不够大，而她希望与一位名演员合作，就去香港找了名噪一时的李丽华[1]出演，被拒后，又找了台湾当红明星李湄[2]、洛杉矶的朗云，但都因为片酬和种种原因未能谈妥。如此这般，辗转多次，最后她转过头又来找我，我应允了，但这时我可不再提“不要报酬出演”这档子事了。我从小听母亲教诲，做人做事不自私，不算计，但也不能失去自尊和骨气。

拍摄《董夫人》需要到香港和台湾取景，这让我非常向往，因为我从未去过香港。1968 年底，影片在香港开机，租用了邵氏电影公司的摄影棚，请来了印度著名摄影师苏布拉塔·米特拉（Subrata Mitra）掌镜，和我配戏的男主角是当时港台两地的红星乔宏[3]。在香港，我见到了母亲的朋友顾乾麟夫妇，他乡遇故知，感到特别亲切。我在那里还结识了香港当时一线明星同行夏梦、陈云裳、萧芳芳等，后来我们都成了多年的好友。

《董夫人》作为一部独立电影，起初拍摄得还算顺利，可没过多久，导演和摄

1. 李丽华，1924 年出生于上海。现定居美国。从影 40 多年来，主演了超过 120 部电影，被称为影坛常青树。2015 年 8 月，获第 52 届金马奖终身成就奖；2016 年 1 月，获第 35 届香港电影金像奖终身成就奖。李丽华早年去美国的时候和我有过往来，她也学过京剧，演技十分精湛，我是她的粉丝。

2. 李湄，1929 年出生，著名影视明星。

3. 乔宏，1927 年出生于上海，香港著名演员。他一生敢作敢为，正直不阿，在娱乐圈 40 多年，表现卓绝，令人称慕。

电影《董夫人》在法国巴黎公映时的海报。

影师出现了一些艺术方面的分歧，等到香港外景拍摄完毕，导演决定重换摄影师。在台湾拍摄外景时，摄影师换成了著名摄影家祁和熙，然而好事多磨，不久拍摄资金又出现了问题，片子只能搁浅。由于好莱坞的影片拍摄向来非常专业，确定性很强，这样的变故我也是头一次碰到。在合同里，虽然已经明确写了拍摄期限，但是片子遇到了这样的困难，我也不能坐视不顾，更不能落井下石。于是，我只能撤销原有拍片的档期，一直等待着这部戏的资金到位。大约半个月后，影片才续拍，终于完成了全片。

唐书璇是首次执导，虽有才华，但经验不足，而我那时已在好莱坞工作了十年，对电影制作已有一定心得，所以当我觉得将来剪辑可能会出问题的地方，就会在一旁细细指出。毕竟是小成本制作，我们都希望拍出精品，虽然我不是制片人，但我仍然不遗余力地给予帮助。唐书璇后来也曾说过，“到了剪辑阶段方才发现卢燕有多好”。

一个剧组拍电影，好比大家坐一条船，必须同舟共济，不能冷眼看着他人犯错而幸灾乐祸，因为船沉了，所有人都会倾覆。所以我在剧组从不置身事外，一直崇尚精诚合作。

《董夫人》拍摄完成后，剧组请了好莱坞的剪辑师来帮助剪辑，影片终告完成。虽然其间多有曲折，但也算是否极泰来。法国人皮埃尔·里斯安（Piere Rissient）是一位电影宣发人，他十分热衷中国文化，经他牵线，《董夫人》参加了当年在瑞士举办的洛迦诺电影节（Locarno Film Festival），这个电影节是世界影坛最悠久的

大型国际电影节之一，与戛纳国际电影节、威尼斯国际电影节、柏林国际电影节并称“欧洲四大电影节”。此外，这部电影还在法国巴黎连续公映了三个月，可以说是第一部在商业院线连演三个月的中国影片，对华语影片起到了很好的宣传作用。

1970年上映的《董夫人》参加了台湾金马奖的角逐，我觉得自己反正已尽了心力，对能否获奖心里云淡风轻，可未曾料到最终我获得了“最佳女主角”的誉称。台湾金马奖是当时华语电影里最有代表性的奖项，我第一次参演华语电影就有所斩获，这多少让我有点受宠若惊。还记得颁奖那天，我穿了一件在香港定制的镶满亮片的西式礼服，又特地盘了一个中国式的发髻，无限喜悦地接受了组委会的颁奖。

《董夫人》和金马奖，让我结识了许多华语电影人，也让我更深切地感受到——我的天地在中国。

邵氏全體紅星主演·程剛·董紹泳聯導 十四女英豪


## 梅花“三”弄

获得金马奖影后，让我在华语电影圈的声名鹊起。为了拓宽自己的演艺事业，我向不少东方导演和电影厂表达了“我想拍华语影片”的愿望。尽管我的意愿如此中肯，但当时的香港、台湾，正值电影发展的黄金时期，本地已群星荟萃，而我因“人在美国，往来不便”等诸多因素，眷顾我的片约屈指可数。也有朋友建议我定居到香港或台湾，但考虑到三个孩子的学业，我还是打消了这个念头。

直到 1971 年底，邵氏邀请我出演由程刚[1]执导的大片《十四女英豪》的佘太君。当时邵氏女星云集，都想演美女，没人想演老太太，我跟邵先生说“我可以，我愿意”，

1. 程刚，1924 年出生，著名香港导演。他拍过多部粤语、国语及闽南语电影，《十四女英豪》是他的代表作之一。

1971 年，邵氏大片《十四女英豪》全体演员合影。时年我 44 岁，在片中出演百岁挂帅的佘太君，这个角色为我赢得了 1973 年的第 11 届金马奖“最佳女配角奖”。

20 世纪 80 年代，在香港与著名影星王丹凤合影。

1974 年，与邵氏公司合作的时代。这组图片由香港“国际摄影”高仲奇拍摄，他当时是最受女明星欢迎的人像摄影师。

然后我就幸运地得到了这个角色。《十四女英豪》是邵氏当年的宏大制作，云集了邵氏旗下所有当红女星，而我则在里面扮演运筹帷幄、决胜疆场的百岁挂帅的佘太君。以不惑之年扮演百岁老帅。尽管银幕形象并非年轻俊美，但我仍然心甘乐之，因为这赋予了我巨大的表演空间。

飞抵香港那天，邵氏红星何莉莉小姐手捧鲜花来机场迎接。邵逸夫先生特派秘书曾小姐乘劳斯莱斯轿车到机场接我直奔清水湾邵氏片场，安排入住片场内为高级演职人员建造的公寓大楼。

我的住所是位于三楼的一个两卧两厅的宽敞大单元，这令我对邵氏的雄厚财力第一次有了亲身感受。片场位于清水湾，依山靠海，更有金色的沙滩，风景秀美，我非常喜欢这样的环境。

开拍之后，我逐渐发现，邵氏不光实力雄厚，而且人才济济，从导演到编剧，摄影和演员，个个才华横溢，技艺超群。片场还特别训练了设计武打的专门人才，称作“龙虎师”。到了 21 世纪，这些特技人才都成了好莱坞各片场竞相追逐的动作指导。在西方动作片的制作中，他们发挥了不可估量的作用。

摄影师董绍咏先生是一位很难得的专门人才，家学渊源，温文尔雅，虽然言语不多，却有控制全场的能力。扮演穆桂英的凌波，是邵氏当家女明星，能唱能演又能打，是当时银幕上一位智勇双全的标准穆桂英。她因出演《梁山伯与祝英台》一片，当时已是家喻户晓的“梁兄”，是当时票房纪录最高的女明星。反串杨文广的何莉莉有着与生俱来的魅力，这让她在银幕上能大放异彩。我感到最荣幸的是有机电影《倾国倾城》剧照，这是我第一次在电影中扮演慈禧。凭借此片我获得第十二届金马奖（1975年）最佳女主角，这也是我的第三座金马奖奖杯。

会和陈燕燕、欧阳莎菲一同工作。她们都是我少年时代仰慕的红星。在这部电影里，她们虽然戏份不多，但对待拍戏的态度依然一丝不苟，令人称道。

但就如钱币的两面，正由于此片明星云集，每个人都光彩夺目，都有自己的地位和成就，戏里戏外的难免会有一些明里暗里的较劲与不和。我当时是第一次在邵氏拍戏，对个中细节不甚了解，即使有些风闻，我也绝不参与，每天只顾拍戏，没有戏的时候就到海边散步，放松一下，顺便练练嗓子。我一直觉得无论做什么事，做好自己的本分即可。

其他女演员们热衷的打牌打麻将这些消遣娱乐方式，我是一窍不通，自然也从未参与过。通过这次的拍摄也让我十分敬佩程刚导演，他不光在艺术上有深厚的功底，同样也能给予演员足够的关怀，多面协调，屈伸自如。

除了主要演职人员外，这部戏连布景的工人都身怀绝技。记得有一次拍片间隙，我在片场闲逛，偶然被一个布景的泥工吸引，只见他将那湿水泥铺平，在泥上不停地比画，不一会儿工夫，一对龙凤便跃然而出，无论是大小、比例还是形状都非常精致，让我惊讶不已。

影片拍了三个月之后，终于杀青。在1973年举行的第十一届金马奖评选中，“百岁挂帅的佘太君”又为我赢得了“最佳女配角”奖，让我成为包揽最佳女主角和最佳女配角的双料金马影后。

也因为这次和邵氏的合作非常成功，1974年，邵逸夫先生邀请我出演李翰祥导演的影片《倾国倾城》。这是一部当年最宏伟的制作，耗资巨大，以邵氏的能力，

中正仁和

《倾国倾城》剧照，慈禧六十大寿场景，左一为香港著名演员狄龙，他在片中扮演光绪皇帝。

《倾国倾城》剧照，我左边为演员凌波，右一为恬妮，二位都是香港著名演员。

虽然拍得起这种片子，但是同其他小成本的戏比起来，盈利的把握还是很小。但是邵先生仍然坚持拍摄，他的这种自信和坚持本身就值得喝彩。在后来比较长的时期内，这样的投资成果逐步彰显。十年间，《倾国倾城》终于成为经典，流传至今。

当初，人们都认为出演慈禧最合适的应该是著名演员李丽华，没想到邵先生选了我，这样的决定引起了很多人的怀疑，其中就包括导演李翰祥。但邵先生对我的戏特别欣赏，所以很坚持。曾经有杂志采访他，问他“邵氏最美的是哪一位，最活泼的是哪一位，演技最好的是哪一位”？他说：“演技最好的是卢燕。”对于他的认可，我由衷地感到高兴。因此，对于他邀我出演慈禧，尽管是备受质疑，我却仍愿接受挑战，既为证明自己的才艺，也不枉邵先生对我的赏识与厚爱。

为了演好慈禧，我做了很多功课。因为慈禧是近代历史人物，留下的正史和野史都不少，每位史学家对她都有自己的诠释，但有一点似乎是共通的，即慈禧不是个善茬儿，所以在后来根据史料改编的很多影片中，她的形象都被打上了“险恶专横”的标签。

然而，当我查阅了更多与慈禧有关的资料后，发现她其实还是个非常有情趣的女人。比如她的衣着非常考究，许多都是亲自设计，每天要换三次衣裳，且衣裳绣的花都很讲究，如早上穿的是含苞待放的花，下午则换成花蕾微绽的，夜里就是盛开怒放的了。她特别爱美，而且驻颜有术，对于食物养生也很有研究。此外，她还写得一手好字。对史料的挖掘给了我不少启发，我觉得我不光要演出慈禧专横的一面，而且还要发掘出她人性化、生活化的一面。从这些地方着手，我就开始揣摩，力图诠释她生活、处事、对人的态度，从而表现她针对不同的事情、不同的人做出不同的反应。我希望自己下的这番功夫能为观众呈现一个真实饱满、层次丰富的西太后。

在电影《倾国倾城》拍摄现场，求知欲强烈的“慈禧”在摄影机后观察镜头。

在香港拍摄《倾国倾城》时，我先生黄锡琳前来探班。

谁知开拍之后，我发现事情没有想象中那么顺利，李翰祥导演对我的表演总是非常挑剔。这部电影是我第一次和他合作，在此之前，他已经是蜚声海内外的大导演了，对于角色自然有他自己的想法。本来他是力荐李丽华出演慈禧的，由于并不了解我，他对于我是否能驾驭这个角色，自然有诸多疑虑。我特别能够理解他当时的心态，也很尊重他的意见，对于他的百般挑剔，我从不反抗，遵从他的想法，心平气和地一遍一遍重来。要知道，我在好莱坞拍戏时，是各位导演口中有名的“One Take Lisa”，即“一条过”，何时受过这种“虐”啊。

就这样拍了几天之后，李导演对我的态度越来越好，很多戏也都是一遍就过。渐渐地我们成了很好的朋友。戏拍完后，他对我说了一句：“Lisa，你这个人真是太善良了，别人捉弄你，你都不知道。”这句话很耐人寻味，其实我又何尝不知晓呢？但是为了角色，为了戏，我都可以忍受。

李翰祥导演很会讲戏，演员若是演不出感觉，他就亲自做示范，每个角色他都示范得非常到位。我们常说，假使这出戏每个角色都由他来演，那么一定非常出彩。遗憾的是，后来我再也没能有机会和李导演合作，但是我们一直保持着交往。

这部戏合作的演员中，我特别赞赏狄龙的演技。他演的是光绪帝，这个角色很有张力，积极但又隐忍，演的时候要尽量收敛，很有难度，他却能够驾驭得很合理，分寸把握得当，可见他深厚的功底。记得拍戏那段日子里，即便在他没有戏的时候，他仍是满脸忧郁，深深沉浸在对光绪帝一角的琢磨里，不曾有丝毫松懈，足见其敬业精神。另外，姜大卫饰演的寇连材也很不错，这个角色本身也非常讨巧。

这部影片拍了八个月，我就在清水湾住了八个月，关机的时候突然觉得非常不舍，这里的一切都那么让我留恋。因为拍摄时间长，剧情和素材太多，于是剪辑的时候，制作成了两部影片，一部是《倾国倾城》，另一部就是《瀛台泣血》。

在这之后，华语电影掀起了武侠剧的热潮，我未能有机会再和邵氏合作。几十年后，我偶然重访位于清水湾的邵氏片场，往日繁华已经不复存在，那里已化为一片废墟，不由令人唏嘘，“一切名利不过是过眼烟云”！

应该说《倾国倾城》的成功，一方面是导演创作的成功，华丽雄伟的宫廷，光彩炫目的服装，精致典雅的配饰，都在不遗余力地还原历史的本色；另一方面影片云集了当时众多大牌明星，具有极强的票房感召力；此外邵氏雄厚的财力也是成功的最大保障。制片方逸华女士为这部影片呕心沥血，在制作上既要力求满足导演的需求，又要千方百计控制成本，此外还担负各方人事关系的协调，她对我这位“外来演员”也是关怀备至。一分耕耘，一分收获，1975 年，这部影片在第十二届金马奖上斩获无数奖项，并在伦敦电影节展映，载誉凯旋，终成经典。

《倾国倾城》为我带来了第三座金马奖杯，在第十二届电影金马奖评选中我再次荣膺最佳女主角，我自然欣喜不已。我参演的这几部华语影片的辉煌，见证了我银幕生涯的黄金时代。

《倾国倾城》之后，我在台湾接拍了电影《永恒的爱》和电视连续剧《观世音》，并且投身于舞台剧和京剧的演出。在演艺的道路上，我一步一步踏实前行，努力攀登新的高峰。

第八章

# 再攀高峰

很多人都认为三座金马奖杯已然是我人生的巅峰，1975 年，时年 48 岁的我也快到了知天命的年纪。对于一个女演员来说，也许已经过了最好的时候。但我与大多数女演员不同的是，我的演艺生涯是从三十岁才起步的，我从来不认为我的工作会有停止的一天，除非有一天，我真的演不动了。我始终在寻求更多的机会，更广的舞台，更大的挑战，我希望我的人生能在不断攀登高峰之中绽放得愈加绚烂。

## 百尺竿头

《永恒的爱》是一部文艺悲剧，剧情源自一个真实故事，原著是香港《万人日报》社长陈子乔为追念他因癌症去世的独子陈孝昌而作的纪念文章。陈孝昌是 1970 年到美国的，曾就读于北卡罗来纳州立大学，攻读电机工程专业。抵达美国七个月之后，不幸发现罹患癌症。尽管如此，陈孝昌并未向病魔低头，依旧努力求学，顽强抗争。为了安慰父母，他特地写了一封长信。信中说道："我生存的意义是为了爱，爱是爱人与被人所爱。我发现自己是属于后者，我受到父母的宠爱，这些爱，一直鼓励着我要生存，所以我生存到现在。以后，我还希望能为爱，继续生存。"尽管有这样强大的爱意在支撑着，但终究未能敌过病魔，他年轻的生命永远消逝在了异乡。而他的母亲远渡重洋，跋涉万里，为的是能把他的骨灰带回故土。这是一个无限凄婉的故事，演绎了巨大的爱和恸，原著曾让无数读者为之动容。由导演丁善玺改编的剧本和丁导演本人的才华都深深吸引了我。

在剧中，我扮演母亲一角，著名演员贾思乐饰演我的儿子。影片大部分在美国

拍摄，持续了一个多月。关机后，我的心潮久久不能平复，无法从戏中走出，这份无比凄婉的眷眷亲情同样深深地感染了万千观众。

看过《永恒的爱》的人，都说这是一部制作十分唯美的文艺悲剧，因为有最生动的故事垫底，有最杰出的导演执筒，还有最秀美的画面，最悠扬的乐曲，这些都给观众带来了最深切的感动。

尝试了文艺片之后，我希望自己能在戏路上有更大突破，于是就接拍了台湾华视的电视连续剧《观世音》。

▲

1975 年，在台湾拍摄华视公司的电视连续剧《观世音》，图为其中的一个观世音化身小和尚。

电视剧《观世音》另外两个化身，书生和常见的观世音菩萨。

剧中的观世音有许多“化身”，一会儿是秀才，一会儿是小和尚，一会儿又是樵夫，演起来非常过瘾。为了演好《观世音》，我到各处寺庙及博物馆去参拜和观看观音神像，以此作为塑造角色的参考。这种对古代观音形象的研究，以及前往位于台北士林的“故宫博物院”，对观世音神态的仔细揣摩，在演出时果然生效许多。电视播出后，我的表演被专家点评为“颇得神韵”。

在台大戏剧和戏曲专业担任教授的俞大纲先生说：“卢燕的演出如一出清凉剂，破除了城市化的舞台腔。动作不多，台词说来自然，该是时下演员应该‘突破’的新风格。”俞教授认为，电视实在是个最现实的考场，最能真实地体现一个演员的修养。为此，他一再鼓励演艺人员要多多学习与读书，充实自己。他的话对我是莫大的鼓励。

1982 年，我与归亚蕾在台北合作演出了根据白先勇小说改编的舞台剧《游园惊梦》，左一男演员是一位姓孙的大学教授。

《观世音》在台湾的播出也给我带来了一定的声誉。播出后，当我行走在台湾的街巷，常常会受到广大观众的欢迎，我这也算是借了观世音菩萨的光。记得那会儿我随便到哪家饭店吃饭，结账时老板都不肯收钱，说观世音来了，菩萨来保佑他们了，哪里还能收钱。也许大家是把我当成了观世音的化身，希望得到赐福保佑吧。

## 躬耕舞台

在接拍电影和电视剧的同时，我仍然没有放弃自己钟爱的舞台演出。因为舞台剧对我来说是另外一种表达的方式。与电影相比，舞台表演中，与观众的即时互动，让我更加充满激情。

电影是综合了表演与科学的一门艺术，演员只是创作影片的一分子，最终剪辑的成品是由导演执行的。一个电影演员的职责是呈现导演的意图，哪怕有些时候演员对剧本、角色的理解和想象跟导演不尽相同，也要尊重导演的意见。所以，导演才是电影作品的灵魂。

而舞台剧恰恰相反，舞台剧最大的挑战在于演出时，演员可以驾驭一切。在舞台上，演员的表演需要与观众互动，要随观众的反应而随时调整表演节奏。演出时不但要顾及自己的台词、走步，还要给予对手最完美的配合，能够对各种情况随机应变。每一次上场都是一个考验，你要完美地呈现一切，即使有瑕疵也要尽力遮盖，让观众毫不察觉。我喜欢这样的挑战，觉得这是很有趣的一个职业。

在美国，《花鼓歌》和《苏丝黄的世界》是近代最有代表性的东方舞台剧作，在观众中享有广泛声誉，是百老汇的经典剧目。60年代这两部剧刚盛行的时候，我未能获得青睐。直到年届不惑，方才得到出演的机会，在不同城市辗转演出了多场，受到了观众的嘉许。在洛杉矶演出《花鼓歌》时，母亲带了我的三个孩子来看演出，当孩子们看到他们四十岁的妈妈，扮成和他们年龄相仿的十六岁少女在台上载歌载舞，我相信他们一定会为我感到自豪与快乐。

在美国，适合东方人出演的舞台剧角色凤毛麟角，少数的几个我都有了尝试。为了有更多的演出机会，我开始积极寻觅和华人导演合作，希望能在华人自己的舞台上演出。

1982年，我在台北演出了白先勇根据他自己的同名小说改编的话剧《游园惊梦》。和白先勇先生的熟识，始于美国。白先生爱戏，他常来我家听我母亲讲戏，后来也常到大学看罗安琪平剧社的演出。20世纪七八十年代是白先生创作的高峰，他的作品在华人地区享有盛誉，他笔下的每个女人，我都想出演。终于在这一年，我开始了和他的第一次合作，也是到目前为止唯一的一次合作。

《游园惊梦》讲的是一位红极一时的秦淮歌女，她嫁给了一位将军。新中国成立后，她随将军从南京到台湾，不久将军病逝，她的境遇渐冷，而她的许多姐妹都嫁了达官显贵。一日，小姐妹邀她赴宴，赴宴时她有了很多内心的感慨，用独白的方式表现，在回忆的时候唱昆曲《游园惊梦》，怀念从前和将军一起的美好时光。

在这出戏里，无论是灯光、布景还是演员都极一时之盛，除话剧形式外，还有昆曲和京剧的片段演出。

剧目在孙中山纪念馆演出，这里可以容纳一千三百多人，是最适合这出戏的舞台之一。此次演出的舞台装置非常先进，应用了多媒体和戏曲穿插的表演形式，配以台湾当代女艺术家董阳孜龙飞凤舞的书法，贯通古今。十场演出场场爆满，座无虚席，后应观众要求又加演两场，因为剧院无法再续约只好停演。

回忆当年表演的细节，我仍然有颇多深刻感受。感受最深的莫过于许博允先生所编创的音乐，悠扬凄婉，如泣如诉，是对戏最好的衬托。在演出中，我有多段独白，每次独白前都会有樊曼侬的长笛演奏，一下子就能把我的情绪调动起来。音乐一起，气氛随即营造出来，让我的独白仿佛从音乐中汩汩流淌出来一般。从那时到如今，我从未演过一出戏，在配乐和表演上能像《游园惊梦》这般的默契交融，浑然一体。

那部戏也算是初级版的多媒体了。在舞台上，我是清唱带身段，同时，身后的银幕上又配有事先为我拍摄好的传统昆曲表演。演唱的时候，有台北“昆曲笛王”之称的徐炎之先生为我伴奏。总体而言，《游园惊梦》是非常有看头的一部戏。再后来，白先生想在北京重演话剧版《游园惊梦》，北京人艺老导演夏淳想导演此剧，并且当时曾多次和北京人艺的于是之先生协商排演这出戏。但后来由于各种原因就耽搁下来了。这么多年过去了，夏淳和于是之先生也已作古，这个相约北京舞台的演出却一直未能遂愿。

1985 年，我在香港主演了杨世彭导演的美国名剧《小狐狸》。和杨世彭先生结识，始于 20 世纪 70 年代。1972 年，我参加了在旧金山举办的亚洲戏剧舞蹈研讨会，会上我对京剧《拾玉镯》的身段做了示范，从而结识了著名话剧导演杨世彭博士。

在美国南加州大学著名的波瓦德礼堂（Bovard Auditorium）演出《拾玉镯》折子戏的剧照。

1986年，在香港演出话剧《小狐狸》剧照。

杨博士对京剧和昆曲都颇有研究，我们谈得非常投机。1978 年，我应香港艺术节的邀请，出演全本京戏《棒打薄情郎》，于是提议杨世彭博士出演戏中的“莫稽”一角，这是我和他的第一次合作。这次合演之后，香港话剧团邀请杨博士出任话剧团总监，导演舞台剧。于是，日后我就有了在香港出演话剧的机会。

1985 年，杨世彭相中了舞台剧名作《小狐狸》，这是美国著名女剧作家丽莲·海

90年代初，我译介的话剧《普来飒大饭店》公演结束后，与前来捧场的导演谢晋、上海人艺院长沙叶新及其他友人合影。

尔曼（Lillian Florence Hellman）的剧本，在欧美广泛流传，他很想把它搬上香港的舞台。按照杨先生的说法：“《小狐狸》的女主角需要成熟、美艳、演技高的演员，我认为卢燕最合适。”于是就请到我在香港话剧团出演女主角瑞吉娜（Regina）。这也让我异常高兴，因为在美国我根本没有机会饰演这些非东方人的角色。

杨世彭导演请来了美国的设计师，为我设计了优雅艳丽的服饰。还记得第三幕我刚出台的时候，就听得台下发出细微的惊叹声。我觉察到当时观众的反应，就在说台词前随机加了一些动作，让观众能够充分欣赏到服饰的美艳。

在美国，我日思夜想能够有机会回来演出，但那时的文化交流不如现在这样频繁。在美国很少有我可以出演的剧本，于是我就把在美国没有机会演出的戏翻译成中文，希望有机会在国内出演。

《普来飒大饭店》（*Plaza Suite*，也译为“大酒店套房”）是我非常喜欢的剧本，作家尼尔·西蒙（Neil Simon）在美国是家喻户晓的人物，但在中国却鲜为人知。我发现当时国内戏剧界只知道美国的尤金·奥尼尔（Eugene O'Neill）。他之后的剧作家就不知道了，所以我想推荐好的作品给国内。于是我就想把尼尔·西蒙的作品翻译成中文，介绍给国内的同胞，一来促进文化交融，同时如果有机会演出，我也可以过过戏瘾。上海人艺剧院就和美国领馆协商，申请了一笔文化交流基金，由我来担任文化特使。

1992 年，我翻译好剧本之后，就开始和上海人艺合作排演。我们快马加鞭排演了五个礼拜，就开始在位于安福路的人艺剧院（今上海话剧艺术中心）公演，我和人艺的魏启明先生出任主演。这出戏由三个独幕剧组成，在一个场景里发生三个不同的故事，主演要出演三个不同年龄、不同性格的人物，在现场演来真是酣畅淋漓。演出之日，场场爆满。著名导演谢晋，老戏骨舒适、白杨、程之等均来看过演出。每周演出七场，我和魏启明演出五场，其余则由人艺的年轻演员许承先和宋忆宁出演，渐渐这个剧目就成了上海人艺的保留剧目。演出成功之后，魏启明先生对我说："从来没有演过这么舒服的戏"。

对于他的认可，我感到非常高兴，这意味着我在舞台上给了他百分之百的合作。

许多年后，我才又在香港出演了歌舞剧《大地之歌》，这出剧由香港舞蹈团制作出品。该剧的音乐取自马勒（Gustav Mahler）的同名歌剧，邀请了瑞典著名女指挥家克丝汀・内尔布（Kerstin Nerbe）担任乐队指挥，还请到了瑞典女高音歌唱家乌丽卡・坦斯卡姆（Ulrika Tenstam）以及香港著名男高音歌唱家莫华伦先生主唱，耶鲁大学中文系的郑愁予教授用现代的语言重新诠释李白的名诗《悲歌行》《采莲曲》和《春日醉起言志》，由我朗诵。在剧中，我是贯穿全剧的流浪者，既要朗诵，也要跳舞，有一定的演出难度，但载歌载舞的形式对我来说十分有吸引力。2008 年 5 月，八十一岁的我本计划在北京再次出演这个剧目，无奈计划中途夭折了。

1998 年，第一次到香港演出话剧《德龄与慈禧》。

1998 年，我已年逾古稀，第三次和杨世彭导演合作，出演了剧作家何冀平特地为香港话剧团编写的话剧《德龄与慈禧》，在剧中我再次扮演慈禧。这部戏颠覆了传统的慈禧形象，在戏中，她谈恋爱，喜欢西方的文化，刻画了一个更加开明、丰满的西太后，给了演员更丰富的发挥个性的机会。剧目在香港小剧院，以中央戏台四面围坐观众的舞台形式演出了十二场，同样是非常受欢迎。

八年之后，也就是 2006 年，杨世彭导演再度出山执导《德龄与慈禧》，在香港最华丽、最现代的文化中心大剧院，杨导演邀请了最好的布景师，通过幻灯和异象的简单设计，达到了神奇的效果，把整个舞台装扮得富丽堂皇。剧目总监毛俊辉先生在 1998 年的小剧场演出中曾在戏里出演光绪一角，2006 年他已接任香港话剧团的总监，因公务繁忙不能继续出演，于是就请到了著名京剧演员耿天元，他扮演的光绪同样出彩。与我合作的香港话剧团的演员们，个个才华横溢，具有丰富的舞台经验。他们曾和不同国家的优秀导演合作，每年演出不下十多部的剧目，每天都有排练。正因如此，他们在台上能歌善舞，收放自如，每次表演都恰如其分。和他们合作演出真是非常愉悦的享受。

在这次演出中，还有一段小小的插曲，在“慈禧做寿”那场，突然接到了“荣禄阵亡”的消息，慈禧悲痛万分，台词应该是：“将喜堂改为灵堂，我要祭奠荣禄。”在无限悲恸的情况下，我忽然冒出了一句“将灵堂——”三个字一出口，我就发现自己说错了，舞台上的其他人都为我捏了一把汗，气氛旋即紧张了起来。我该怎么说下去呢？此时，我灵机一动，接了一句——“摆上”，大伙才松了一口气。演出

后我真的非常庆幸，年逾古稀的自己在台上仍能随机应变，得以在演出中“化险为夷”，终获圆满。

八年之后，能和香港话剧团的朋友们三度合作，难掩兴奋之情，演出的成功也让我大感欣慰。

2005 年，我在台北出演了赖声川导演的《如梦之梦》。赖声川先生的父亲赖家遒和我丈夫锡琳是中央政治大学外交系的同学，母亲屠玲玲和我亦非常要好，我们两家有着很深的渊源，私交甚好。赖声川对舞台形式的创作独具风格，是一位颇富创造力的天才艺术家，他既有传统的国学功底，又对西方艺术非常熟稔，因此他的作品往往都是中西合璧。他早已声名远播，但直到 2005 年我们才有合作的机缘。尽管合作来得晚了一些，但依然获得了预期的成功。全剧表演时间很长，持续七个多小时，我却一点儿都不觉得累。

《如梦之梦》的舞台结构非常新颖，舞台在观众席的四周，演员环绕着观众进

2006 年，演出《德龄与慈禧》时，与赖声川、丁乃竺夫妇合影。

行表演，观众的座位是旋转式的，可以自由选择观看表演的方向，这样让观众和演员能够有更充分互动。2014 年的圣诞，我在北京的保利剧院又一次出演《如梦之梦》，再次见证绚丽的舞台，体验沉浮的人生，且看浮生梦一场，唯愿今世喜相逢。

近年来的演出虽然不多，但直到现在，我仍然期待在舞台上的演出，享受那份夺目的光彩。

## 投桃报李

我自幼受母亲的熏陶喜欢京剧，后来寄居梅先生家，更是耳濡目染。偶尔登台，亦深得梅先生指点。因此，即便是远渡重洋，我也常常择空便吊吊嗓子，练练身段。在美国，常有票友登门向母亲求教，慢慢地，我们便结识了一群铁杆票友，闲暇的时候，大家也常寄情皮黄，自娱自乐。

1972 年以前，中国和美国还没有正式邦交，因此我们没有机会欣赏到京剧名角的演出。1960 年夏天，听说中国京剧院要到加拿大温哥华演出，我和母亲都兴奋不已，于是我们把两个女儿托给朋友照顾，我和锡琳带着母亲、大儿子，一行四人从洛杉矶驱车直奔温哥华，车子一直开了三天，到达的时候才得知票已售罄。无奈之下，我们就找到了剧院经理，告知了我们的情况，请求他给予帮助。经理被我们不远万里驱车看戏的热忱所动，顶着违反戏院规章的风险给我们在场内加了凳子，我们才得以欣赏到演出。

那次演出的阵容非常强大，包括杜近芳、李少春、叶胜兰、袁世海等梨园名角。

由于主要是给外国人演出，多是武戏，还有身段较多的删剪过的折子戏。三天都重复一样的剧目。

为了能够看一出全本戏，我试探性地给剧团带团领导写信，告诉他们期待看一出完整的、传统的中国戏的愿望，信是委托剧院经理交到剧团领导手里的。不久，就看到了加演的剧目广告张贴了出来。等到了礼拜天，我兴奋地发现日场加演了一场全本的《白蛇传》，我们自然喜出望外。

20世纪60年代初，正是中国文艺百花齐放的时候，《荷花舞》《白蛇传》和《挡马》都给我们留下了深刻的印象，传统的中国民间舞蹈美轮美奂，武戏精彩，文戏流畅。杜近芳饰演的白娘子在拿到灵芝时那一瞬间叩拜的动人风姿，至今仍然清晰地留在我的记忆中。

虽然中国国粹京剧如此经典，可惜在那样一个动荡的年代，未能被广为传播。台湾的京剧团虽然可以赴美演出，但是每次交流演出的成本巨大，没有政府的支持，是无法出来公演的。为了能让更多人了解中国京剧，喜欢中国京剧，在我母亲的指导和热情的票友支持下，我们于1963年发起组织了“罗安琪平剧社”。“罗安琪”是Los Angles的另一种译音，那时在美国尚无京剧的说法，所以叫作“平剧”。这是一个非营利的社团组织。

平剧社的成员都是在洛杉矶的票友。我的母亲担任导演，教我们排戏。行头是在香港和台湾定做的，排戏的地点通常是在我家，时间是周末。若是晚上，则去丽林园，每个星期会排练两到三次，根据演出的情况增减。起初我们主要是自娱自乐，自己租场地，一年公演一次。后来剧社逐渐有了些名气，就有大学和艺术学院请我们去演出。

在加利福尼亚的各个大学，我们都去演出过。在舞台上，唱的部分我们通常用中文，将唱词翻译成英文，在幕侧放映出来，对白则用英文。因为唱的时候，观众有足够的时间观看翻译的字幕，而说话是来不及看的，所以我们会用英文道白。这个形式虽然新颖却收到了很好的效果。英文的剧本都是由我翻译，那时在戏里我通常扮演旦角，其中以花旦居多。由于我们没有受过专业京剧动作的训练，力所能及的只是少数文戏，所以演出的剧目也很有限。

尽管这样，为了迎合美国观众的需求，我们也尽量选择一些身段较多的剧目演出，如《拾玉镯》《红鸾喜》《汾河湾》《春香闹学》《游园惊梦》，后来还有《武家坡》《宝莲灯》等。开始多是些折子戏，慢慢地也开始演成本的剧目了，比如《秦香莲》《四郎探母》《棒打薄情郎》《人面桃花》等。虽然我们不是专业的京剧演员，但所有社员始终非常认真，每次演出都是精益求精，力求完美。在那个京剧剧团匮乏的年代，我们所到之处都备受欢迎，演出的效果自然也非常好。

有时候当地博物馆有“中国周”或者中国古代字画的展览，也会请我们去表演。就这样，平剧社创办后的四十多年里，公益演出了近百场。一直到 20 世纪 80 年代，中美建交多年后，文化交流日益频繁，演出的剧团越来越多，我们的使命也算完成了。再后来，随着我的母亲和一些老票友的相继离世，剧团的活动就终止了。

1961 年，我在报上看到新闻，得知梅先生去世了，我和母亲都悲痛不已。桃琼未报，却遽然作别，甚至没能够见上最后一面，这份遗憾此生无法弥补了。

尽管我没能像梅先生那样，在美国轰轰烈烈地拓展京剧事业，但也算尽了心力。在那样一个物欲横流的社会里，挤出我们仅有的业余时间，不计成本、不遗余力地去宣传、演出。虽然我们的力量是那么微不足道，却也是一片赤诚之心。

寄爹，我试着传承您的薪火，虽未燎原，也算是对您一份小小的报恩吧。

## 再演慈禧

我这一生演过很多女性角色，最难拿捏也是最出彩的便是“慈禧”。在电影里，我曾三度出演慈禧，根据剧本的角色定位进行表演，各有侧重，又要不离其宗，可以说这是一个非常过瘾的角色。

1986 年，时隔十二年之后，我在电影《末代皇帝》（*The Last Empire*）中再度出演慈禧。接拍这个角色，其间也经历了很多波折。

事情还得从 1985 年讲起，我在香港演完《小狐狸》之后，转道日本去参加东京电影节，正好遇见了意大利著名导演贝纳尔多·贝托鲁奇（Bernardo Bertolucci）。我给他看了我在《小狐狸》里面的剧照后，他说我可以在他的电影《末代皇帝》里出演德龄公主。不久后，在好莱坞再次遇到贝托鲁奇，他很遗憾地告诉我，新编的剧本里没有了“德龄公主”这个角色。于是我就表示我有兴趣在片中扮演“慈禧”一角。然而贝托鲁奇却认为，片中的慈禧已经生命垂危，应该让一个年纪较大的演员饰演，倘若由我去扮演的话，要在化妆方面下大功夫才能令我看起来比实际年龄

《末代皇帝》剧照。

老，这样或许会让观众觉得不够自然。所以贝托鲁奇导演不倾向由我扮演这个角色。无奈之下，我也只好作罢，心想自己这次要和《末代皇帝》的“慈禧”擦肩而过了。

1986年，我陪着我先生去北京看中医，再次遇见贝托鲁奇，他依然没有找到扮演慈禧的合适人选，所以一直无法开镜。于是我很直率地对他说：“您需要的，是一个好演员，并非一个老太太。”之后，贝托鲁奇觉得我说的有道理，通过试镜觉得我的演技可以胜任，于是就让我出演慈禧。三天后，影片正式开镜。开拍前，化妆师给我试装，身着龙凤绣袍，头戴金珠银环，端坐在龙椅之上，眉宇间流露出一种不怒自威的气势，贝托鲁奇情不自禁地给我跪下叩头，还道了一句——“老佛爷吉祥。”

虽然慈禧的戏份不多，但是在整个片子里非常重要，因为影片的开头便是慈禧的出场，这一角色的表演将奠定整部影片的基调。刚试戏的时候，我发现慈禧的扮相过于夸张，而且是躺在龙榻上被太监宫女推着出场。于是我就坦诚地向贝托鲁奇表达了我的意见，“第一，慈禧是很爱美的人，不会不注意自己的形象；第二，龙榻是不能随意挪动的；第三，太后的寝宫不会有八仙陈列，这些都和史实不符”。贝托鲁奇却告诉我：“Lisa，我不是要描绘历史事实，我要进行艺术创造。当一个三岁的孩子，深更半夜被带到一个昏暗的寝宫，去见一个垂死的老太太，他的眼里只会流露出恐惧，只会觉得老太太面目可憎，所以我要通过孩子的视野去描绘慈禧。”我觉得他说得也有道理，就接受了。

第一场戏拍完之后，贝托鲁奇兴奋地奔过来，紧握住我的手，说道：“你的表演不温不火，分寸把握得恰到好处。”就这样，我们的拍摄工作进展得非常顺利，只花了一天工夫就拍完了我的所有镜头。

这次合作，令我非常开心，我感觉和名气越大的导演合作，就越容易相处。遇到好导演，那种兴奋之情是难以言表的。这部影片在1987年的奥斯卡奖评选中，一举获得了十二项提名中的九项大奖，包括分量最重的最佳影片和最佳导演奖，风光一时。唯一让我个人感到遗憾的是，尊龙和陈冲的表演如此出色，却并没有受到制片公司的重视，没有得到应有的宣传和包装，也未能获得被提名男女主角竞选的机会。这件事，我每每想起都为他们二人扼腕，觉得意难平。

这数十载，我有成功亦有挫折。陶醉在银幕和舞台的光芒之下，我仍不忘幕后的勤勉与砥砺。笔耕不辍，马不停蹄，幕后同样有华彩。

第九章

# 幕后人生

人生，犹如潺潺溪流，所到之处，既有激越，亦有安详。人们常说：绚烂之极，归于平淡。刹那芳华何以永驻？回眸银幕、舞台上的声色种种，依然只是记忆中的熠熠光芒。而幕后之人生，透着理性和寓意的人生，虽然简单，却是那样的真实，每时每刻都有着最真切的感受。

演员之外，我还参与了很多幕后的工作：做记者，尝试制片，当过翻译，也一直参与电影评奖。工作之余，相夫教子，享受天伦，也是乐趣所在。

## 笔耕不辍

应该说记者是我最早涉足的职业，也是我从事最久的一份职业，直到现在我仍然是好莱坞外国记者协会的会员，每个月我都有一定的工作量需要完成。

还记得我前面提过的吗？刚到檀香山的时候，我的第一份工作就是在当地的一份中文报纸《中国日报》当记者。报馆没有几个雇员，所有工作都是一肩挑，除了采访，还要编辑，还得翻译国际新闻。我没有受过正统的记者专业训练，只是凭借以前读书的功底，加上自己的学习领悟，很快便能胜任所有工作。那是一个很小的报馆，报纸发行量不大，主要是面向当地的华侨。那份报纸只有四个版面，除了零星的广告外，都是新闻。我的工作除了翻译，还要跑社会新闻、文艺新闻。因为是早报，所以每天早晨六点前，我就要把当天头条新闻译好，把稿子送去排版。在这个报馆工作的同时我还在一家外文报馆《檀香山日报》（*The Honolulu Advertiser*）的资料馆做兼职。

在上海，受“美国之音”委托，采访昆曲艺术家俞振飞和李蔷华夫妇。

每天送交稿子排版后，上午八点我就到《檀香山日报》工作。这份工作比较简单，主要是在馆长的指导下，进行报纸文章的分类整理。每天把报纸上不同的新闻剪下来，按照标题类别进行存档，包括国内新闻、国际新闻、社会新闻、生活健康等。那时候没有电脑，也没有扫描仪，所有的工作都是手工操作。馆长在当天的报纸上用红笔划出该存档的标题。我们就根据红笔画出的标题进行剪辑。将剪报插放在相对标题的信封里。这份工作的主要作用是给报馆记者作资料参考。如果记者想写什么文章，就可以来资料馆按照类别查阅。

1948 年，当时的国民党第一夫人宋美龄从南京赴美国演讲，以筹集捐款。报馆认为应该派一位来自中国的女士给她献花，问我是否愿意。在那个年代宋美龄绝对是风云人物，我也很想一睹她的芳容，当即表示乐意。到达的那天，我去檀香山的军事机场迎接宋美龄，当地的市长官员、领馆人员都在等候。飞机降落后，刚打开机舱门，我就兴奋地冲上前去，笑意盈盈地把花串套到了她的脖子上。也许我的行动过于突然，又或许是她觉得应该由大人物向她献花，总之面对眼前的这个陌生女孩，她并未给予我礼节上应有的热烈回应。次日，我向宋美龄献花的照片刊登在《檀香山日报》的首版，占到了很大的篇幅，只不过两人表情迥异，像是两个对不上戏的演员，细品之下甚是有趣。

1949 年，香港杂志《新闻天地》的主编卜少夫先生邀我撰稿，因为他们在檀香山没有特派员，但需要得到这里发生的一些重要新闻。由于我天天在报馆里，能第一时间接触到各类新闻，所以一旦有重要消息，我就写一篇邮寄过去。那个时候没有传真机也没有电子邮件，传输信息最高级的方式就是发报机，但美国发报机没有中文语言的输入，我只能特快邮寄，所以很多新闻等到了香港已经变成旧闻了。

我记得那时候我写的最重要的新闻是对“杜鲁门跟麦克阿瑟在中途岛会面”的报道，内容主要是讲他俩如何在中途岛会面，商量怎样管理战后的日本，等等。不知道香港的《新闻天地》报社是否还留有这些杂志，如果有，我真想找来看看，读一读以前的文字，帮助自己回忆一下那段执笔躬耕的快乐而紧张的时光。

在好莱坞工作了一段时间之后，我在影艺界有了一定的知名度，“美国之音”常来访问我，后来就邀请我主持一档播音节目，主要内容是好莱坞明星访谈，把访谈用中文向华人播出。随着节目内容越来越多，而我的时间有限，无力担负起这么多的工作，三年后我就离开了“美国之音”。

自香港的《新闻天地》之后，我开始与更多华语媒体合作，开始受王永涛先生之邀给台湾的《民族晚报》撰稿，后来遇到台湾《徵信新闻》（即《中国时报》的前身）创始人余纪忠先生，他邀请我在他的报上开设专栏，并命名为“影城燕语”。

1985年，中国第一本全彩电影画刊《环球银幕》杂志创刊后，恰逢我回北京访问，主编邝友良找到我，邀请我给他们供稿，说最好能再提供一些好莱坞影片的资料和照片，我很爽快地答应了。那个时候没有现今如此发达快速的互联网，也没有谷歌和百度之类的搜索引擎，国内很难拿到美国电影的资料。为了让中国读者了解到全球的电影资讯，我经常把美国和欧洲最新的影片资讯、照片和相关评论整理好，自掏腰包，通过邮局用特快邮件寄给《环球银幕》杂志社。翻阅国内20世纪80年代的电影杂志，来自好莱坞的图片大多由我提供。就这样，我作为特约撰稿人一直做了好多年。直到有一天，一位大学同窗好友问我：“你帮他们做这么多，却什么好处都没有，你图什么呢？”说真的，我当时并未考虑到回报，只要我能帮助到国内的同行，我就满足了。这位同学当即向《环球银幕》杂志社负责人建议，聘我为海外艺术顾问，给予一定的津贴，我这才从2000年到2002年拿了两年的津贴。

《中国时报》驻美国洛杉矶的记者共有两位，一位是我，另外一位叫但汉章，他是在美国研究电影的一位导演，也是好莱坞外国记者协会的会员，好莱坞外国记者协会是美国金球奖的主办机构。在但汉章去世后，协会就邀请我作为《中国时报》的代表加入。其实早在我离开檀香山去洛杉矶发展的时候，《檀香山日报》的主编曾给我写了一封推荐信，推荐我去好莱坞找记者的工作。到达好莱坞后，电影公司告诉我，没有合适的工作让我做，但可以推荐我加入好莱坞外国记者协会。可是我当时一心想当演员，并未理会。谁料四十多年之后我还是加入了，缘分这种事，实在难说。假如当初我就入会，那么现在肯定是元老会员了。

作为好莱坞外国记者协会的会员，除了有机会观赏新片，采访导演和演员之外，还要参与金球奖的评审工作，会员们常常受到各大制片公司的邀请，参加各式影片的宣传活动以及学术研讨。在我晚年的时光里，记者协会的工作占去了大半时间，尽管仍是属于年轻人的快节奏，但我依旧乐此不疲。

## 尝试制片

20世纪70年代，正是中国功夫片盛行的时期。1975年，著名电影制片人罗吉·柯曼（Roger Corman）找到了我，向我询问有什么中国功夫影片可以引进到美国，于是我就推荐了张澈导演的《水浒传》。然而，张澈先生的原片虽然经典，对西方观众来说，情节略嫌冗长而复杂，外国人不易看懂。于是我就把这个片子从三小时剪辑成一百零八分钟，并把片中的对话重新翻译改写，然后又配成英文对白。因为当时李小龙的影片《猛龙过江》非常火，所以罗吉·柯曼为这部影片提名为 *Seven Blows of a Dragon*，上演时果然吸引了很多观众。由此，便引发了我对电影制作的浓厚兴趣，自此我开始尝试制片工作。

1975年，罗吉·柯曼邀请彼得·波格丹诺维奇（Peter Bogdanavich）执导影片《圣徒杰克》（*Saint Jack*）。影片在新加坡拍摄，柯曼因为事情太多，分身乏术，制作的工作多由我来负责，于是我便成了这部片子的执行制作之一，这是我第一次涉猎电影制作领域。

《圣徒杰克》在新加坡拍摄，由好莱坞影星本·戈扎那（Ben Gazzara）领衔主演。故事讲的是一个在新加坡的美国人，白天在航运用品公司做着正经工作，晚上则干着色情的勾当，他一心一意地要打造一座“尽善尽美的风流场”。这部片子在全美上映后获得好评，并赢得 1979 年威尼斯影展的最佳影片奖。1980 年，在片中饰演男配角的英国著名演员丹霍姆·艾略特（Denholm Elliott）又在伦敦电影节荣获“最佳男配角奖”。

在这之后，1988 年，我又参与了电影《金莲》的制作，这是美国电影学会（American Film Institute，缩写为 AFI，也叫美国电影艺术学院）的学生曾奕田导演的短片。谈起我与曾奕田导演的合作也是一种缘分。1982 年，年轻的曾奕田导演拍摄了一部黑白纪录短片《缝纫的女人》（*Sewing Woman*），需要寻找以第一人称进行英语独白的演员。他的姐姐曾若兰和我相识，提出请我帮忙，我便慨然应允。1983 年，《缝纫的女人》荣获奥斯卡最佳短片的提名。后来，曾奕田说我“适度表现情感的舞台语言，也等于是掌握《缝纫的女人》整部戏的灵魂”，听到这样的评价，我感觉十分欣慰，也算是不负所托。

而《金莲》是曾奕田的毕业作品，当时他只有两万美元的经费，根本不足以制作任何影片，为此我就安排他去香港拍摄并制作，协助他完成了这部影片。我的长女汉琪在剧中出演女主角金莲，并为该片谱写配乐，而我除了制片外，还出演了金莲的婆婆一角。

## 结缘“奥斯卡”

奥斯卡金像奖是电影业在全球范围最具权威性的奖项之一，由美国电影艺术与科学学院（AMPAS）负责运作，至今已有九十多年的历史，是全世界电影人皆向往的至高荣誉。

作为美国电影学会的一员，我从1965年开始就参与评审奥斯卡金像奖，那时候的华人会员只有我和陆锡麟。陆锡麟从20世纪30年代开始在好莱坞发展，演出生涯持续到90年代，是好莱坞最早也是最多产的亚裔演员之一。时至今日，学会里已经有不少华人会员了，年轻一代的华人明星诸慧荷、巩俐、陈冲和邬君梅都是由我介绍保举入会的。

奥斯卡之所以能够让世人认可，在于其公平、公正、公开的评选机制。首先，所有在该年度发行的美国影片都有资格参与报名和参赛。其次，对于作为评选委员会的成员也有明确的资格鉴定，必须是美国电影学会的成员；同时，所有学会成员都有平等投票的权利。投票全部采用不记名方式。第三，从整个评选流程来看，有一整套非常清晰严密的步骤。先由各大电影公司对自己出品的新片进行宣传，供给协会放映电影拷贝，一般在周六、周日邀请会员在协会放映剧院免费观赏，然后由各个支会分别自行选出五部影片的提名。

最后，再由全体会员从各支会所选出的提名影片和各个单项奖的提名人选中，以无记名形式投票做最终的选择，得票数最高的，作为当年各该项最佳影片和各该单项奖的获奖者，并在奥斯卡颁奖典礼的一刻当众揭晓。

奥斯卡选票的集中统计是由独立的第三方普华永道会计师事务所操作执行的，评选结果严格保密封存，在最后一刻送达颁奖嘉宾手中拆封。在嘉宾开封揭开悬念的那一瞬间，台下顿现几家欢喜几家失落的戏剧性场面，这也为奥斯卡之夜增添了无穷的魅力。

而奥斯卡最佳外语片的评选，又有些特别的规则和流程。报名资格须符合三个条件：其一，是非英语影片；其二，由各个国家的官方选送（每个国家只能选送一部影片）；其三，必须在本国上映一周以上。

奥斯卡最佳外语片评选是由一个特别设置的外语片评选委员会负责。我是从 1965 年开始加入这个委员会的，当时仅有三十多名成员。有机会观赏这些外语片是弥足珍贵的，借此可以了解到不同国家的文化、民俗、民风以及独特

▲
在奥斯卡会场外。

的艺术风格和审美特色。我对外国影片的知识就是由此而积累的。发展到今天，外语片评选委员会已经扩大到三百多人的规模，报名影片也由当年的十几部增加到近七十部。

奥斯卡最佳外语片评选条例是由十五位成员组成的“外语片评选执行委员会”制定的，这十五位成员代表着不同的文化背景和艺术专业。随着中国国家实力和地位的提升，华语电影在国际影坛的影响也日益扩大，学院奖主管者觉得应该有一位懂华语的委员进入这个执行委员会，因此，在 1990 年我荣幸地成为奥斯卡外语片评选执行委员会的一员。

家中壁炉上陈列的奖杯和奖牌，它们记录了我从艺六十余载奋斗的脚步。

我担任奥斯卡最佳外语片评委至今已有三十多年，其间荣幸地见证了中国电影走向世界并与世界对话的历程。同时也深切感受到，华语电影的成功必须是由中国人拍摄的、充满中华文化底蕴并富有独特人性内涵的电影。唯有这样的电影，才能受到国际电影界的重视与尊敬。对中国电影人来说，在通往奥斯卡的道路上，只要不懈努力，就一定会有满载而归的那一刻。我希望继续履行我在奥斯卡外语片评选中的职责，并为中国电影的国际化推波助澜；我也希望看到更多优秀的中国电影和电影人进军国际舞台，向世界展示中国电影独特的魅力。

## 投资失利

无论是多么耀眼的明星，到了幕后，都要食人间烟火，同样也会尝到平常人家的百味杂陈。酸甜苦辣咸，一应俱全。

尽管我的演艺事业如火如荼，但偶尔有空闲的时候，我便会到自家的餐馆“丽林园”帮忙。帮忙不是人们想象中的老板去视察慰问，我说的帮忙是真帮忙，是去帮工。那个时候，为了节约人力成本，老板也要和普通服务生一样，是要作为一个劳动力的。

我们投资的第一家餐馆取得了不错的收益后，锡琳就计划开设第二家。未经详细调研，他就看中了位于好莱坞大道的一个店面。也许是因为初创大获成功过于得意了，他被冲昏了头脑，每日都憧憬着扩大规模，再开个门庭若市的大餐馆，所以人也是越战越勇。开这第二家餐馆，锡琳和房东签署了十年的租约。

1970 年，位于好莱坞的第二家丽林园终于正式开张。开业那天，玛丽·碧克馥特地亲自来给我们捧场，并送来一个大花篮，此举在好莱坞还引起了不小的轰动。

然而经营一个月下来结算的时候，我们发现根本是入不敷出，所有的收入都不足以支付各项成本的开支，于是只能自掏腰包不断贴补，填亏空。原以为这只是新店开业初期的过渡，所以我们也没有特别放在心上，可直到这样的情况持续了半年之后，我们才意识到了问题的严重性。

对于第二家丽林园的经营，我开始时并未过多参与。但家里的经济状况发生急转变化，我就开始找寻原因，希望能够有所弥补。生意不好，最直接的原因看起来是食客太少。通过观察，我发现这个地段虽然来往人口密集，人流如织，但都是旅游人群，是观光客，在此地上班或居住的人很少，因此有吃快餐需求的人并不多。

为此，我们就把饭店的营业内容改掉，换成比较高档的淮扬菜系，希望再搏一博。然而令人失望的是，新菜系依然少有人问津。究其原因，才发现旅游城市的交通过分拥堵，而饭店附近又没有停车场，因此其他地方想过来吃中餐的人，会在路上耗费很多时间，到达后又找不到地方停车，故而带来诸多不便，久而久之，大家就不愿意再过来了。所以，尽管我们不断改良菜品菜式，提升服务水平，我的朋友们也经常来给我捧场，但经营仍然没有太大起色。因为一开始的选址就是个错误。

无奈锡琳已经和房东签了十年合约，如果违约，也必须要支付完十年租金。权衡再三，我们决定勉强支撑下去，用第一家的收入来补贴第二家。为了节约人力，我有空的时候就到餐厅工作。厨师、收银、上菜，这些我都做过。记得有一次拍片归来，发现大堂经理和厨师们因琐事发生了冲突，厨师们赌气不来上班。可饭店还是得营业，不得已之下，我就临时担负了掌勺的任务。根据客人的点单进行合理的安排，既要保证满足客人的需求又要尽量提高效率，这个非常有讲究。每次服务员把饭菜端送给客人的时候，我总会撩起厨房的门帘偷偷向外张望，看到客人认可的笑容，方能长舒一口气。就这样，在生计的压力之下，我开始学会了经营餐馆的每一项工作，餐厅的状况也有了些许好转。

直到十年后，我们才摆脱了这个沉重的负累。这次经营失败，给了我一个沉痛的教训，也让我后来无论是做投资，还是从事其他工作，都始终告诉自己：三思而后行。

## 相夫教子

在我对爱情还处于懵懂状态的时期，受家姐姐夫之命嫁给了年轻的外交官黄锡琳。我对爱情还未来得及渴望，就开始面对婚姻的现实，遵照最传统的中国女性标准，从此开始相夫教子的生活。

经济窘困时，我也被迫外出工作，一日兼三份工，还必须找那种时间比较灵活的工作。虽然有母亲帮助料理家事，但我仍要腾出时间照顾孩子。好容易熬过了那段艰辛、无助的岁月，以为可以安稳度日，却因我后来从事了演艺工作，又不得清闲。不过，尽管很忙碌，在孩子们的学前时光，我仍然会挤出时间照看他们。

如果我在洛杉矶拍片，则白天工作，晚上回家辅导孩子们的功课。一旦要到外地拍戏，周期比较长时，我便会带着母亲和孩子们一同前往。记得在凤凰城拍摄《山路》时，大儿子已经开始上学，我就带着母亲和两个女儿去拍戏。有条件的情况下，就让她们担任临时小演员，这样剧组的人还可以帮我照看她们。就这样“夹带”了几年，等她们到了上学的年纪，我才可以稍微喘口气儿。

随着孩子们一天天长大，我也开始有越来越多的时间投入工作了。在他们成长的历程中，我并未刻意教育过他们的道德言行，只是时时严格要求自己，身正为范，希望以此影响并教育到他们。值得庆幸的是，他们日后都成了有用之才。

我的长子黄汉鼎，从小就热爱运动，体育成绩突出，中学时学校想让他加入足球队，可我觉得这样的体育活动太过激烈，容易受伤，同时我也认为男孩子应该努力读书，将来找一份体面的工作，就婉拒了学校的好意。现在想来，我当时应该尊重学校和孩子自己的想法，因材施教。后来汉鼎虽然读了医科，但没毕业就转行成为了商人，娶了一位韩裔的孤儿，现在膝下有三个儿女，已经赋闲在家享受生活了。他对我现在仍然忙忙碌碌的状态疑惑不解，常常问我：“妈妈，为什么您还要工作，为什么不享受生活？”我告诉他：“我的工作就是我的爱好，工作的时候就是我最愉快的时候。”他就不再多问了。

长女汉琪从小就有音乐天赋，我就想好好培养她。正好那时有一位来自香港的琵琶圣手吕振原先生从巴西搬到洛杉矶，还未寻到工作，暂居我家。于是他就提出教我女儿学琵琶。孩子最后能够学成，老师启蒙正确得法是最重要的因素，吕振原先生也是电影《董夫人》的配乐演奏者。除了良师，我母亲严格的督促也是功不可没。她每天会给汉琪制定学习表，不达到要求不可以分心。小时候汉琪觉得练琴是苦差事，但现在回头再看，她十分感激她的外婆。梅花香自苦寒来，如果没有我母亲的严格要求，她也不会有今天的成就。她在哥伦比亚大学音乐系读硕士时，就已经是小有名气的作曲家和演奏家了，曾经为多部电影电视配乐，著名的百老汇舞台剧《蝴蝶君》也是由她配乐，并在现场演奏。她的演奏风格温婉不失激扬，听起来非常享受。后来她有了自己的小家，成了一对双胞胎的妈妈，就暂时停止了职业创作。

小女儿汉颐传承了我的基因，喜欢舞台，很爱演戏。她小的时候还曾在香港主演过一部艺术片《脱离虎口》。虽然她热衷演戏，但我却觉得演员不是一个长久的职业，所以我便反对她进入演艺圈。当年我母亲虽然名满京华，却不愿意让我进梨园，后来我自己从事了演艺之路，却也不愿意我的孩子从影。所以说角度不同，思考的结果自然也不同。后来汉颐读了教育学，也是因为她觉得我对于她的教育过于武断吧。汉颐毕业后从事过两年的教育工作，如今也在经商。她教育子女很有心得，两个孩子都教育得非常棒。

比起当年我们那代人所经历的艰辛，我的孩子们和孙儿们现在都过得非常幸福，我衷心希望他们能够这样一直幸福下去。

## 永失母爱

1984年1月，我正在西藏拍摄纪录片，锡琳给我打电话，说母亲身体情况不太好。我听了心急如焚，几经辗转买了最早的航班返美。回到洛杉矶的家里，只见母亲靠在躺椅上，瘦弱的身上盖着她自己缝制的红色毛毯，她微笑着，嘴角轻轻蠕动了几下，“宝回来啦”，不管我已经多少年岁，母亲总会无限疼爱地唤我“宝”。

我来不及放下行囊，便跑到她身边，跪俯在她的身旁，端详着母亲苍老的脸庞，她的眼神还是那样清澈，看到女儿回来仍闪烁着熠熠的光芒。正是这样的光芒，曾激励着我们一同度过一段又一段相依为命的日子，让我在异乡的漂泊中多了一份温暖和牵挂。看着母亲憔悴的面容却依然充满疼爱的注视，不知不觉中，我的眼泪已经洒落下来。

母亲虽然虚弱，可还是紧紧握着我的手，她的手依然那么温暖，就像多年前，我们全家从北京搬到上海，在火车站，她紧紧握住我的那双手；又像是远渡重洋，经过多天的颠簸漂泊后，她握着我一起走下甲板，踏上陌生土地的那双手……这么

70年代，与母亲重访檀香山。

多年，她握着我的手一路走来，因为母亲的支持和帮助，我才拥有了这一切。母亲这一生，荣辱曲折，颠沛流离。对于晚年的天伦时光，她是多么的留恋与不舍。看着她爱护了五十多年的孩子，她一定希望能这样一直爱护下去。而我又何尝不是？习惯了母亲打点家里的一切，习惯了她的嘱咐和叮咛，却未能守护她尽好孝道，我当时真是无比后悔，后悔自己没能常常陪着她，却总是东奔西走，让她牵挂。

在母亲最后的日子里，我就这样默默地守在她身边，寸步不离。仿佛无法看够这个养育我多年的老人，即使韶华不在，她仍然那样美丽而从容。母亲晚年没有病患，她是很安详地离开的，我相信她一定是被仙子带到天上去了，她在那里注视着我们，佑护着我们。

母亲赴美后一直没有再回到祖国，她说不愿再回忆以前的种种荣耀与怅惘。但在她内心的最深处，一定还在渴望着故园春秋，在美国那么多年她始终都不愿意加入美籍，她总说：做个中国人挺好。

母亲，我是何等的幸运能成为您的女儿？我没有传承到您的智慧，您告诉我通

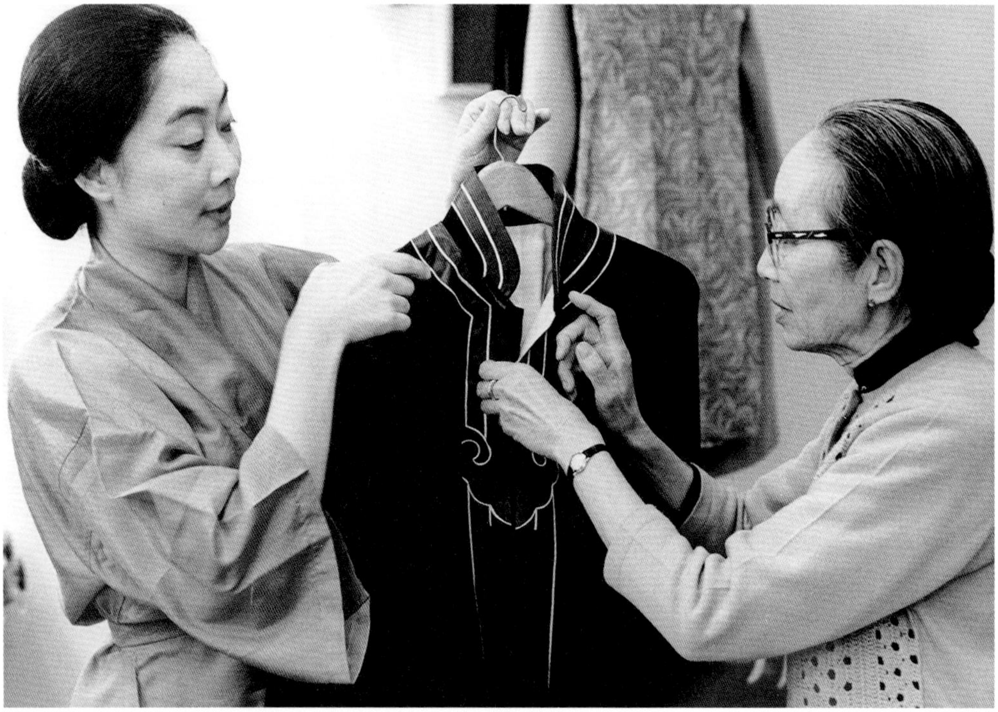

60 年代，演出《汾河湾》之前，在后台母亲给我把演出的戏服整理好。

过后天的勤奋同样可以弥补；父亲去世后家境那样不济，您仍不惜代价供我读书；在梅先生家寄居十载，您教育我要知恩图报；初到美国时一切孤立无援，您鼓励我要自立自强；在演艺圈摸爬滚打，您教导我一定洁身自好；为了事业我四处打拼，您在家里为我们撑起一片晴空。母亲，您的教诲我时刻谨记在心，女儿一定会是你雕琢出的最优秀的作品。

## 与你作别

锡琳不做外交官之后，曾从事过报馆的工作，后来他大多数时间都在蒙特雷的陆军语言学校教书，只有周末才会回家，加之我常年外出拍戏，我们俩是聚少离多。尽管这样，只要我在家，我都会尽力帮他打点好一切。每次周末他回到家，我总会做他最喜欢的饭菜，帮

在《棒打薄情郎》演出后台，母亲为我做头饰。她不仅会唱戏，还会做服装，做头饰，拉胡琴。

90 年代初，与先生再次登上长城。

他准备好一周的衣服和生活用品。而我在中国拍戏的时候，他如果有假期，也常常会来看我。我们之间没有过炽热的情感，也从未表达过爱意，只是在这样平淡烦琐的日子里，互相搀扶，相濡以沫。

20 世纪 80 年代，锡琳已经退休在家，而我那时也有了一段闲暇，于是我们决定寻访名迹，周游世界。

记得刚从洛杉矶飞到檀香山时，锡琳接到了医生的电话，说在几日前拍摄的 X 光片，发现他的肺部有阴影，但又不能确诊，希望他尽快手术切除。因为不能确诊，加之行程已定，所以我们决定在旅途中顺道寻访一下名医。我们从檀香山，转道香港，后来又去了上海，访遍名医，得到的答复都是说不能确诊。直到后来我们去了北京，通过郭慕荪夫人桂姐找到了她在北京医院放射科的同学李医生。李医生看了 X 光片后，就断定锡琳是得了肺癌，并建议他即刻动手术。惊恐之余，也来不及多想，我们就决定留在北京医院做切除手术。给锡琳做手术的是北京友谊医院的著名外科医生，有“孙一刀”的美誉。手术很顺利，只进行了四个多小时，要知道在美国同样的手术最少需要十个小时，术后的恢复也非常好。在那之后的十年里，锡琳的病都未有复发。我和锡琳都非常感谢孙大夫和他的助手们，他们精湛的医技和崇高的医德让我们感佩不已。

回到家后，我就想着一定要抽时间多陪陪锡琳。在家里，每天早晨我都陪锡琳去爬后山锻炼身体，回来后在院子里练练气功。我吊嗓子的时候，锡琳会在一旁读报纸，或是修剪园子里他栽种的花草树木，那是我们婚后生活最恬淡、最安详的一

段时光。我每次因工作去外地或是回国时，常常会带着他。他病后的十年里，我同他一起游历了祖国的大好河山。烽火兵马俑，漓江山水秀，都留下我们双双的足迹。在黄山天都峰的鲫鱼背上，还有我俩结下的同心锁。

1996 年，离我们 50 周年的金婚纪念日还有不到半年的时间，锡琳却永远离我而去了。孩子们成家后都陆续搬了出去，母亲不在了，锡琳也不在了，偌大的房子只剩下了我一个人。唯有后院的果树、花草，一年年的春华秋实，默默与我为伴。

▲
90 年代，我和先生结婚四十多年后，重访我们相识的故地夏威夷，背后是夏威夷的标志性建筑 Aloha 塔。

隔着茫茫天地，终究无法相望。唯有七夕之日，依稀梦里踏过银河，原来的我们在彼处相会。

为了排遣对故人的思念，我只有不停工作，让自己振作起来，充实起来。我劝慰自己，健康、美丽、快乐地活着，享受每天的阳光雨露，想必这也是母亲和锡琳所愿吧。

80 年代，与先生参加奥斯卡晚宴。

90 年代，与先生一起庆祝我的生日。

不同时期的全家福。

第十章

# 彼燕归来

我已年过九旬，近一个世纪的生命带给我的，是繁华落尽后的安宁，我想念我的故乡，那些流淌在我骨髓中的东方血液时时提醒我，大洋彼岸家的召唤。年少时在北京和上海的美丽日子，依然时时出现在我的梦中，像一部部隽永的经典老电影。

我就像一只远游的飞燕，离家虽已多时，却依然眷恋着旧时温暖的巢穴。我非常愿意帮助更多的中国人走向世界，让博大的中华文化艺术为世人所瞩目。我想，我的心在故土，彼岸的燕子总会归来。

## 提携同胞

在我之前，华裔女演员只有黄柳霜曾在好莱坞影片中出演过主角，她是出生在旧金山的华侨，先到伦敦发展，后来再战好莱坞，而我则是生长在中国，后来打入美国好莱坞的第一个华人女主角。在这一路奋斗的过程中，我知道在美国社会，中国人要想凭借自己的努力出人头地有多么艰难。而从我第一部主演的电影《山路》开始，我就一直在为中国人的权益而力争，我希望我的同胞能走向世界，为祖国增光添彩。

不少中国影人都来美国找过我，他们单枪匹马来到美国闯荡，非常不容易，我多少有点过来人的经验，就尽我所能地帮助他们。美国人对中国长期有着各种误解，我相信越来越多中国人的成就将改变这些误解。

20 世纪 90 年代初，张艺谋和巩俐到美国推广电影《大红灯笼高高挂》，我接待了他们，帮助他们联系人脉并铺路。我积极向美国影视界介绍华人影片和影人，陈冲、尊龙、邬君梅等华裔影人进入好莱坞的过程中，我都尽己之力进行了引荐或支持。我也很早就认识了陈凯歌，他们都是很优秀的中国电影人，我希望中国的文化艺术能为世界所了解，希望中国人自己的电影能走向世界。

三十多年前，在美国纽约大学，我第一次见到了今天已是享誉世界的导演李安，也第一次看到了当时还是学生的李安创作的作品。那会儿我就觉得他才华横溢，为人又谦逊低调，假以时日必定大有作为。彼时他刚到美国，人生地不熟，发展很困难，因为美国电影界并不重视华人导演和演员，对华语题材的影视作品还带有偏见，认为它们不合西方人的口味，缺乏商业价值。我非常想帮助李安，可我的能力又有限，只能跟他说："你看你需要拍什么，如果有我能演的角色，你无须付酬金。"后来，他告诉我台湾的中影公司想投拍他的《推手》，但是他们要求用自己的演员。他问我该怎么办，我没有考虑自己能否参与拍摄，我只是觉得这对于他来说是一次极好的机会，我告诉他："他们有钱投资，你赶紧拍吧。"那是他的处女作，为了节省开支只花了24天就完成了拍摄。后来，《推手》获1991年台湾金马奖八项提名，最终夺得最佳男主角、最佳女主角及最有潜力新导演"评审团特别奖"三项大奖。我由衷地为李安感到高兴，我知道以他的能力和才华，未来的道路必将越走越宽广。果然他后来又拍了《喜宴》，因为此片，他真正地在国际影坛享有了声誉。

十多年以后，李安想拍《色·戒》，那是他酝酿已久的作品，我也实践了我当年的承诺，为他免片酬出演。电影中王佳芝回到上海的舅母家里，打麻将的一桌太太之间，就有我，我只有一句台词："你还让她读书。"可就是这一句，却还了我对他的一个承诺。

参加李安导演的《色戒》，
与李安（Ang Lee）合影。

## 文化使者

当年我离开中国，远涉重洋的时候，中美之间还有着深深的隔阂。而随着时代变迁，两国的交流日益频繁，很长一段时间里，我都把中美文化交流作为自己的重要事业。

我曾将多部中国传统戏曲译成英文介绍到西方世界；同时也将美国著名戏剧译成中文搬上国内的话剧舞台。我把《拾玉镯》《武家坡》《打渔杀家》《汾河湾》和《蝴蝶梦》译成英文，并在美国出版《京剧选译》（又名《京剧选集》）。在这过程中，我意识到美国人在理解京剧上的困难，我想，该怎样才能克服文化差异，让伟大的京剧艺术真正走向世界呢。于是，我思考着寻求创新，在演出中尝试用汉语演唱唱词，用英语说对白，辅以英文字幕，并在说明书中注明舞台表演提示、配乐，这样的尝试收到了很不错的效果，后来我的不少美国观众都爱上了京剧，成为我们的戏迷。

2012 年中秋，我和葆玖在北京参加全球华人京剧演唱会，同台合作演唱了一曲《太真外传》。自我赴美之后，我们姐弟二人同台的机会已越来越少，此番同唱一曲，百感交集，万千回忆和家国情结涌上心头。

此外，我把美国著名戏剧剧本唐纳德·柯培恩（D·J·Coburn）的《洋麻将》（1977）翻译成中文，该剧 1976 年 9 月在洛杉矶一个小剧场首演，广受好评，随后移至美国戏剧中心百老汇演出了五百多场。1978 年该剧获美国普立策戏剧奖。1992 年，我又把尼尔·西蒙编剧的喜剧《普莱飒大饭店》（1971）译成中文，同时促成了上海

70 年代在台北拍摄电视连续剧《观世音》期间，我向京剧名旦暨教育家梁秀娟学习《思凡》身段。

人民艺术剧院排演此剧，我还亲自主演了这三幕话剧。

除此之外，我还将迪士尼动画片《米老鼠和唐老鸭》和美国著名的影视作品《音乐之声》引入了中国，看着这些作品今天在中国家喻户晓，受到人们的喜爱，我感到特别高兴和欣慰。

1995 年 11 月，借参加第二届上海国际电影节之机，我邀请一起来参加电影节的罗伯特·怀斯（Robert Wise）一同来到我的母校交通大学，为这所被誉为“工程师摇篮”的百年学府举行了一场电影艺术与人生的报告会。罗伯特·怀思曾两次获奥斯卡金像奖最佳导演奖，曾任美国导演协会和美国电影艺术与科学学院主席，代表作有《音乐之声》《西区故事》《地球停转之日》《星际迷航》等。经典电影《音乐之声》蜚声于世，在与交大学子的交流中，很多同学对我们说他们儿时学习的第一首英文歌曲就是《音乐之声》中的“Do Re Mi”，这让罗伯特·怀思喜出望外，之前他没想到自己的电影作品居然在遥远的东方有如此大的影响。那天他跟同学们介绍了自己不平凡的经历，青年时代因家境贫寒来到好莱坞做场记，后来从事剪辑工作，最后成为一名国际著名大导演。他用自己的人生经历告诉同学们：要做好一件事情，必须做到 3 个 P（Passion，Patience，Perseverance），即激情、耐心、恒心。身为大学姐的我也对学弟学妹们提出了殷殷希望，愿他们在注重科学追求的同时也能提高艺术修养，从而拥有更加丰富和完整的人生。我记得那会儿的上海已经入秋，天气也已经有了凉意，上海交大闵行校区思源湖畔的包玉刚图书馆演讲厅被学生们挤得满满当当，我们被青年学子燃烧的热情包围着，心里泛起一阵阵热浪。

## 纪录中国

我在美国生活了很多年，我也知道西方社会长期以来对中国和中国人的误解，我想我可以为此做些什么，我想通过纪录片的方式向以美国为主的西方主流社会传达被他们误解的“中国含义”。我想记录中国，拍下我心中最美丽的中国。

我参与了多部纪录片的制片或解说配音工作，1983年我在曾奕田的纪录短片《缝纫的女人》中担任配音，这部片子记录了曾奕田的母亲移民美国的生活，展现了华人的坚忍不拔和勤劳善良，非常感染和打动我。在纪录片《中国：超越阴霾》里，我又担当了旁白配音工作，这部片子主要反映了中国西南部地区，特别是云南丽江一带的风土人情，向西方人展示了他们不曾了解的中国印象。

在做演员之余，我在美国成立了自己的影视公司。1983年至1984年间，我带领一支由中日两国人员组成的摄影队多次深入西藏腹地，拍摄了介绍西藏自然风光、风土民情、文化艺术、宗教习俗及1949年之后西藏人民生活的大型系列电视纪录片《失落的王国》，我想全景式地为世界展现西藏这个神秘之地的风土人情和生活状态。当我踏上青藏高原那片神秘土地的一刻，我只觉得内心汹涌澎湃，直到拍摄结束都无法平静。该片有幸获得第二十八届纽约国际电影电视节的铜奖，而西藏也成了我心中一个从此再难割舍的情结，我想那一定是我对故土神秘文化的心灵感知，是一种神圣的召唤。

2006年，在强烈的感召之下，我再度带领当年的摄制组成员，重返旧地，从新建成的青藏铁路的起点开始又一次西藏之行，拍摄全新的西藏纪录片。相隔二十年的第二次西藏之旅，让我的心灵又一次受到了彻底的涤荡。这二十年，我的人生也经历了许多变迁，西藏更是发生了翻天覆地的变化。在广袤的西藏大地，我感知到了二十年前的心灵召唤，那是一种天人合一的境界，是中国传统文化中的神秘瑰宝。我把西藏二十年的变迁史和自己二十年的心灵史交织在一起，亲自担任纪录片的主人公，同时担

▲
1983年，我首次进藏，摄于布达拉宫前。此次我带领中日联合摄制组拍摄介绍西藏的大型系列电视纪录片《失落的王国》，此片后来获得第二十八届纽约国际电影电视节铜奖。

摄于西藏唐古拉山海拔 4900 米处。

摄于西藏布达拉宫前。

▲
80 年代，在西藏八角街与淳朴藏民合影，身上穿的蓝色长裙为美国著名作家亨利·米勒所赠。

任记录者和讲述者的双重角色，以私人化的叙述风格讲述了一个神秘地方的神奇故事。

2009 年，我有幸受邀出演罗兰·艾默里奇（Roland Emmerich）执导的灾难题材电影《2012》，那年我已经八十二岁了，但我欣然接受了这个邀请，因为这次是饰演一个藏族老太太。虽然这部电影无法在我神往的西藏取景，但我在温哥华的外景地神游，还是顺利完成了角色的拍摄。

坐落于上海交大的燕云亭。

## 饮水思源

在交大读书的时候，我受惠于很多恩师。他们传授我们读书、做人的道理，至今受益匪浅。每每回忆起书香四溢的菁菁校园，那莘莘学子，白发的先生，不禁有万千感怀。倘若能重回母校，重温那段美好时光，该有多好？只是日子总归是匆匆一去而不复返了。

20 世纪 80 年代，我和时任交大校长的翁史烈院士取得了联系。我就向翁校长表示，希望能够为母校的建设出一份力。那时，恰逢母校在闵行区建设分部，在图书馆的前面，有一个美丽的湖泊，设计规划中湖心有一处亭台，通过一座石桥和岸边连接，亭子飞檐翘角，宛如展开的燕子翅膀，构思非常巧妙。翁校长就和我说，你不如就捐这个湖心亭吧。1987 年，湖心亭落成，命名为 —— 燕云亭，而怀抱着亭台的湖泊被叫作“思源湖”。后来，我曾多次访问母校交通大学的闵行校区，柳树成荫的思源湖畔，踏过青石板的鹤鸣桥，在一片枫叶林后的燕云亭上，常常看到孩子们晨读的身影。

为了鼓励品学兼优的文科学生，我又向上海交通大学基金会捐赠设立了“卢燕人文奖学金”，每年评选一次。在和这些获奖同学们的交流中，我发现了不少孩子有志于出国深造，并表达了学成后回报祖国的愿望。受到她们的感染，我希望可以帮助她们实现梦想。于是我先后资助了三名上海交大人文学院的学生赴美国留学深造，帮助她们联系好美国的大学去攻读影视传播专业。这三个孩子在美国都住在我家里。她们读书都非常用功，学业优秀，现在都已经毕业工作，在各自的领域小有

上海交通大学授予我顾问教授的仪式，左一是我先生，左二是时任校长翁史烈教授，右一是时任副校长的谢绳武教授。

80 年代，我回到母校上海交通大学，在老图书馆前的草坪边留影。

成就了。我衷心地希望她们能够履行当年的承诺，学有所成后报效祖国。

在上海交大领导的重视下，学校还专门成立了媒体与设计学院，并筹建了电影电视系和美国电影研究中心。学校对影视媒体学科的重视与投入，让我倍感欣慰。我受邀出任美国电影研究中心的主任。虽不是专职，但我从不忘自己肩负的重任，常为此四处奔走，我还将自己毕生收藏的九十九箱珍贵的影视资料，毫无保留地捐赠

▲
2008 年演出后的合影。在我身边的分别为上海交通大学的马德秀书记和张杰校长，右一为媒体与设计学院的李亦中教授，右二为凤凰卫视创始人刘长乐先生。

给了中心，并积极联系国外学术团体和中心的老师与同学们进行交流。

除此之外，我还很荣幸地受到邀请，被聘为北京电影学院、上海大学、复旦大学视觉学院的客座教授。诸多学术上的荣誉职务，让我诚惶诚恐。既然接受了，那就尽力做好吧。

## 新的启航

2010 年 3 月 27 日，是让我终生难忘的一个夜晚。“世界因你而美丽—— 2009-2010 影响世界华人盛典”颁奖礼在北京大学百周年纪念讲堂举行。我很幸运和潘文石、吴宇森、蔡国强等人获得了“影响世界华人大奖”。

为我颁奖的是著名戏剧家、剧作家、我的老朋友黄宗江。他在颁奖典礼上说：“谁演到最后，谁演得最好。她是世界演艺界的一大奇迹，世界因你而美丽。”

我激动极了，不仅因为几十年的老朋友对我的赞扬，更因为这是祖国对我这个少年远游的燕儿的点头赞许：“孩子，这么多年，我都看到了，你做得不错。”一直以来，我坚定地走在演艺道路上，努力传播中国文化，为中国影人在世界影坛争取权益。我知道，这个奖项不单是对我在演艺方面的认可，更是对我为人以及助人方面的认可。我想我的努力终将有所裨益，我的奋斗或多或少让世界看到一个真正的中国，让世界变得更美丽。

那个夜晚，我花了好多心思打扮自己，穿了一套最喜爱的红衣裳，那是我人生最重要的一个高光时刻，上一个或许是我当年下定决心去读帕萨迪纳戏剧学院投身表演。不过，我不觉得这是一个终点或是最高峰，相反地，我认为这应该是一个全新的启航，激励我更加努力地在这条道路上走下去。

今天回首我从艺的道路，已经有一个甲子了。时间过得真快，我想这么多年来，我没有做过什么惊天动地的壮举，可是我一直在勉励自己：要坚守我的岗位，努力追求艺术，同时也要宣扬中国的传统文化给世界，尽心尽力去做，无论我在何地，我心始终是一颗中国心，我情始终系一番故园情。

有朋友问我：“你都九十多岁了，早该享享清福，何必奔波劳碌？”

李白有诗云：高堂明镜悲白发，朝如青丝暮成雪。我想一个人，无论有多么美好的容颜，也将随着时光慢慢消逝，但如果我们永怀一颗赤子之心，永远走在追求梦想的路上，这个世界就一定会因你而美丽。

雁字回时，月满西楼。我看到，我念念在兹的故土正用满满的爱张开温暖的怀抱，对她年少远游的燕儿 —— 呼唤归来。

第十一章

# 晚燕犹衔泥

人生天地间，若白驹过隙。转眼我已向人生百年进发，同龄人多半先我而去，我不知道自己还能走多远，但我觉得自己的身体尚有活力，内心仍有渴望，对表演事业仍充满热忱。“莫道桑榆晚，为霞尚满天”，我希望自己能一直进取，一直工作，一直为表演艺术效劳，一直对这个世界有所贡献，直至人生的终点。就像夜幕降临前的晚霞，用最后的光芒将天地照得通红，绚烂无比。故而，进入耄耋之年的我格外珍视每一次登台、登上大银幕和电视屏幕的机会，哪怕只是出演配角，我也会像当初刚入行时那样，倾力准备，倾情出演，丝毫不敢懈怠。到了我这个年岁，不计报酬，无论角色，只想珍惜每一帧画面，每一个镜头。而且，我一向认为在舞台上或镜头前，只有小演员，没有小角色，每一个面对甚至背对观众的角色都有自己的故事，演员要做足功课，把这些角色的故事讲“到家”。

## “卢燕不存在”

《姨妈的后现代生活》剧照，我饰演的是姨妈隔壁邻居，挑剔虚荣、爱猫如命的水太太。

我十分钦佩香港导演许鞍华的才气，很早就想与她合作。2007 年，终于有了这样一个机会，当时我听

说她要拍摄《姨妈的后现代生活》（The Aunt's Postmodern Life），便问有没有适合我的角色，她说女主角已选定斯琴高娃，不过片中还有一位叫“水太太”的角色没定人选。我问许鞍华，那可不可以由我来演，她一开始并不觉得我适合这个角色，因为我留给她的银幕或屏幕形象要么是大家闺秀，要么是贤德淑女，要么就是佘太君、西太后，而这个水太太呢，是个活脱脱的小市民，慕虚荣、爱显摆、爱做作、爱发嗲，用上海话说就是有些“十三点兮兮”的。许鞍华担心我演不出她那副腔调。可我毕竟是受过专业训练的演员，入行这么些年，演过大大小小数不清的角色，面对观众和镜头，我只有一个信念，那就是：卢燕不存在。

的确，我自己没有水太太的生活经历，可我身边总有人或多或少有像她的地方，我就去捕捉这些地方，用心揣摩这些人的心理，模仿她们的做派，加上我是在上海长大的，对这种女性也并不全然陌生。最后，我以一个“很俏”的、“鲜格格”的水太太呈现在观众面前，她有时候令人生厌，有时候还让人生出几分喜爱。听说许多观众看过这部电影，都饶有兴致地拿他们的某个邻居和亲戚与水太太对号入座，我想我总算没有辜负许鞍华对我的信任。

这部电影满足了我与许鞍华合作的心愿，也让我与主演“姨妈老叶”的斯琴高娃结下了深厚友情。高娃不只是个有演技又有观众缘的好演员，更是个有情义的人。她得知我在美国一人住在洛杉矶的寓所，很是放心不下，想要介绍一位她认识的可靠又能干的朋友来照顾我的生活起居。虽然这事最后未能如愿，但她的古道热肠，我至今想起，仍感念不已。后来高娃因为这部戏斩获第 27 届香港金像奖最佳女主角奖，我由衷地为她感到高兴和骄傲。

还有香港演员周润发，也是个好演员，我俩算是老相识。他以前演的尽是些英雄好汉，在《姨妈的后现代生活》中演的却是一个江湖混混，完全颠覆了他以前的形象。他的角色潘知常是一个落魄的、来路不明的、假扮文化人的骗子，可周润发并没给他戴上奸诈狡猾的面具，而是在发噱的同时，也让人感受到了这个底层小人物的悲哀。可以说，在戏中，周润发也是不存在的，只有潘知常。

周润发在全球华人圈都算得上是最火的明星，可在剧组中他一点儿都没有明星架子，无论对谁都温文尔雅，对导演和其他演员都极尽尊重。影片中有一段他在公园票戏的片段，他知道我出身京剧世家，热爱京剧，他就谦虚地来找我，跟我讨论眼神、嘴型和身段儿如何拿捏，力图做到完美。

## 万水千山走遍，不负沿途少年

2015 年初春，我受邀参演电影《陪安东尼度过漫长岁月》，在片中出演房东黄太太。这是一部反映中国留学生在澳大利亚学习和生活情况的电影，分别在中国大连、日本东京、澳大利亚墨尔本三地取景。因为讲的是留学生的故事，剧组里有不少来自中国的青年演员，他们有的已经小有成就，有的是初露头角的新秀，每个人都受过良好的表演训练，演起戏来认真又投入。我们大家在一起拍戏，合作与相处得特别愉快。无论戏里还是戏外，他们的欢畅和怅惘，总是令我想起自己少年负笈，离开故土，奔赴异乡开创新生活的经历，感同身受，我真是太喜欢他们了。而且我也真的做过留学生的“房东”，只不过是免费的，我曾经资助过母校上海交大的学子来美国深造，她们就曾住在我在洛杉矶的家里。所以，这部电影我演起来如行云流水般，很是顺利，我感到这次拍戏时间过得也特别快，一点不像电影片名提到的什么“度过漫长岁月”。

我和大女儿汉琪出发去墨尔本的时候，洛杉矶家门口的杏花刚刚绽放，四处都是春天的气息，到了墨尔本，感受到的却是淡淡的秋意，山上赤橙黄绿，色彩斑斓，海边水天一色，海鸥恣意翱翔。拍摄期间我们去了墨尔本的十二门徒岩、灯塔等地，领略了令人震撼的自然风光。

电影拍摄结束后，我还和大女儿应邀参加了澳大利亚华人文化团体联合会在墨尔本举行的座谈会，受到侨胞的热烈欢迎，他们中还有不少是我和先生家族里的亲戚，都是很久之前从中国香港移民到澳洲的，我们都半个多世纪没见过了。

现在回忆起来，我依然特别感谢这次拍摄，让我能有机会去澳洲，这是我平生第一次到南半球。在那里我得以与一群中国影视界的后起之秀合作，看到了不一样的自然风景，还见到了分别多年的亲人朋友。

我始终希望能在银幕上展现多彩多姿、正面积极的亚裔形象，但凡有这类片约，我从来都无条件接受。但多少年来，出自好莱坞主流电影制片公司的亚裔影片实在少得可怜，即便有，亚裔演员要么被刻板地类型化，要么被选进语境完全不合适的影片，更多的则是被完全忽视。自 1993 年《喜福会》之后，就再也没有过一部像样的展现亚裔形象的电影。亚裔演员们都盼着什么时候好莱坞能好好讲一个关于亚裔的故事。

2017 年，这个机会终于来了。好莱坞的华纳兄弟电影公司要打造一部全亚裔阵容影片《摘金奇缘》（*Crazy Rich Asians*）。影片改编自华裔作家关凯文的同名小说，由华裔导演朱浩伟（Jon M. Chu）执导。影片中没有一个好莱坞白人明星，七十六个有台词的角色，全部由亚裔演员出演，这种全亚裔阵容的好莱坞主流影片非常罕见，此前只有相隔 25 年轰动一时的《喜福会》。

电影《摘金奇缘》讲述亚裔美国女孩瑞秋（Rachel Chu）对中国文化一无所知，跟着男友杨尼克（Nick Young）到新加坡见家长，拜见中国婆婆和祖母，不料进入了一个超级富裕又极其传统的中国式大家庭，不得不从头开始体会和学习中国文化的故事。最终，浪漫的爱情战胜了门第偏见和误解，一对跨阶层、跨文化的恋人得以喜结良缘。影片成功地交织着传统与现代的价值冲突，以及西方与东方社会的女性角色差异。

我在剧中饰演男主角杨尼克的祖母商淑仪（Shang Su Yi），这是一个典型的传统东方女性形象，虽然在新加坡长大，接受的却是中国传统文化教育，因为她的家族移居到新加坡时，西方文化还未盛行，华人还是深深受到了中国文化的熏陶，所以不同于其他角色，祖母是片中唯一说中文的人。她也接受过西方教育，观念比其他这个年纪的老人要开放一些，可她骨子里终究是个典型的中国妇人，和儿媳之间的关系很微妙，同时也觉得孙辈们太开放，让她有点受不了。在这部电影中，祖母出场并不多，但我要在极少的戏份中演出她的高贵和教养，还要演出她不怒自威的气场和隐忍，这样才能让观众体会到这个亚洲望族的血脉传承。

2018 年这部电影在北美上映时，夺得北美周末票房三连冠，并在北美近十年票房最高的浪漫爱情喜剧排行榜中登顶。在澳洲和新加坡等地上映后，都引发了观影热潮。这是好莱坞首次正面展示亚裔族群形象和中国文化，男主角高大英俊、温和善良；女主角美貌智慧、独立自信；其他众多配角也都纷纷改变了人们对华人的刻板印象，个个有趣可爱。《华尔街日报》称赞该片“明朗、轻快而完美，是从政治和历史意义上的族裔认同，也是亚裔群体的集体发声”。更有美国媒体说它是“写给亚洲的一封情书”。

虽然主创希望通过这部电影向欧美观众展示“你从未以这种方式看到过的亚洲人”，但平心而论，它并非一部写实的影片。在新加坡，在整个亚裔圈，大部分人还是很节俭的，不会如此奢华。电影毕竟是源于生活又高于生活的艺术表现手法，而这又是一部好莱坞商业电影，导演想用绚丽极致的画面来展现亚裔在经济上的成功，它的核心元素还是：爱、家庭、责任、尊严、自我人格、文化融入，而这一切跟它的英文片名“疯狂的富人”都没有什么关系，我觉得电影的中文译名《摘金奇缘》倒是更切实。

我很欣慰能参与此片的拍摄，导演朱浩伟有很好的电影修养，拍摄手法非常新颖，能够充分调动各个部门的优势。各部门的组员都有东方文化的知识，每个细节的处理都很得体。每个演员的功底也很扎实，我为新一代演员感到骄傲，他们会有很好的前途，未来只要有机会，他们肯定能在好莱坞电影里独当一面。

《摘金奇缘》虽然演的是发生在新加坡的事，电影里的中国元素也不少。片头字幕引用了一句关于中国的四海皆知的名言：“中国是一头睡狮，当它醒来，全世界都会为之震动。”《何日君再来》《夜来香》《我要你的爱》《甜蜜蜜》《花好月圆》《我要飞上青天》这些20世纪华语金曲，经全新改编后穿插在整个影片中，又使该片弥漫着浓郁的老上海味道。

我和所有剧组成员一样，最爱的一场戏是在新加坡滨海湾金沙大楼楼顶拍的那场派对，那是加入了史诗级的航拍镜头拍的，巨大的烟花绽放在顶层泳池上，豪宅游艇，衣香鬓影，灯红酒绿，还有整个新加坡的夜景，如梦如幻。但这不是我最喜欢那场戏的原因，我最喜欢的是，所有演员都在那场戏里，就像所有好莱坞的亚裔演员真的在开一场联欢会似的。我在好莱坞拍了六十年戏，从来没有和这么多亚裔同胞开过如此豪华的派对，而且是和比我更有激情、更有活力、更有前景的年轻人在一起，那是我艺术生涯中特别开心的一刻，也是非常值得纪念的一刻。

《摘金奇缘》的导演朱浩伟曾说：“现今纷繁复杂的网络时代总是让作为个体的我们感觉像是这个庞大世界中的零散碎片。但拍电影就像是一趟神奇的旅程，把我们聚集在一起，让我们拥抱彼此，让我们感觉不再孤单。”

我和他一样，发自内心地感谢和珍惜这样的经历。

我步入八十岁之后，与我合作的导演和演员越来越年轻，而我也乐在其中。论年龄，我是他们母亲甚至祖母辈儿，但在新知识、新技术、新语言、新趋势方面，我可是他们的学生。我从小就是一个对新鲜玩意儿特别感兴趣的人，喜欢尝试各种新东西。所以，现在我都快百岁了，手机、微信、电脑我都还玩得很溜，什么时新事儿我都没落下。

说到此，我想起了我出演电影《红楼梦》的经历，戏是旧戏。可对我来说也是一次有趣的新尝试。记得那是 2018 年，导演胡玫找到我，邀请那时九十一岁的我出演片中的贾母。能与胡玫合作，我自然很开心。我知道她出身艺术世家，父亲是著名指挥家胡德风，她自己也是北京电影学院 1978 级的学生，她和她的同学可是了不得的一批人。家学渊源，天资聪颖，加上后天勤奋，胡玫在很年轻的时候就导演了《雍正王朝》《乔家大院》《汉武大帝》等一些重磅作品。而且，细想之下，我觉得这个角色似乎也非我莫属，试想中国影视圈加上好莱坞，还有哪位正在演戏的演员比我更年长吗？好像没有了。于是，我欣然答应出演这位贾府的“老祖宗”。

朋友们知道这事，为我高兴之余，不免也有些担忧，因为各个戏种的《红楼梦》太多了，越剧、京剧、昆曲、黄梅戏、舞剧、电视剧、电影……的确，就我所知，最早将《红楼梦》搬上银幕的还是我寄爹梅兰芳先生。那是 1923 年秋，那会儿我还没出生，香港民新影片公司找到梅先生，将他演出的五出京戏片段拍摄剪辑成一部两卷长的戏曲短片，其中有一段是《黛玉葬花》。该片于 1924 年正式在银幕上放映。遗憾的是，这是一部默片，没能记录下他的声音。后来国内拍过很多版《红楼梦》，光是香港就在不同年代拍了好几个版本的电视剧版《红楼梦》。大导演李翰祥还拍了一部电影，宝玉是林青霞演的，演黛玉的则是张艾嘉，她们拍戏的时候，我还去

探过班。王文娟和徐玉兰演的越剧电影《红楼梦》至今都是范本一样的存在；还有1987央视版电视连续剧《红楼梦》和1992华视版电视连续剧《红楼梦》都曾引起轰动和热议；还有电影，我知道在胡玫执导这部电影之前就有过三版《红楼梦》，最早一版摄于1944年，周璇、王丹凤、欧阳莎菲都在里面扮演了角色。后来1989年北京电影制片厂的谢铁骊导演也拍了一部，历时三年才摄制完成，堪称大制作。

如此这般，我们还能带给观众一个更好的《红楼梦》吗？已经有那么多贾母了，我还能带给观众一个更像贾母的贾母吗？

对于这些，我没那么多顾虑。都说“一千个人心中有一千个哈姆雷特”，我相信一千个人心中也有一千个红楼梦，一千个贾母。我演角色不跟别人比，

▲
2018年，拍摄电影《红楼梦》，我饰演贾母。

也不参考别人怎么演，我只管吃透曹雪芹先生的原著和角色，听从导演调遣，刻画出我理解的贾母。至于演得像与不像，是否到家，就留给观众去评判吧。这部电影于 2024 年上映，希望它能给观众们带来一些新感受吧。

这也是一个给我带来很多快乐的剧组，小演员们演戏时投入认真，对剧情的演绎一丝不苟，下了戏一个个活泼可爱，真就像贾府里的那些个孩子过年时的样子，其乐融融。拍这部电影也让我见识了胡玫调度大场面的能力，《红楼梦》是群戏，又是部百科全书般的作品，不说演员，仅现场的机位、服饰、化妆、道具，若哪一处想不周严，都会影响拍摄，而胡玫导演操持起这一切像个调兵遣将、胜券在握的大将军，她是个了不起的导演。

我这个年纪与年轻人一起拍戏，免不了会受到一些照顾。一般来说，我都会跟导演说不需要格外照顾我，因为导演有他的拍摄流程，时间卡得非常严格，如果特别为了我调整，就可能会打乱整体节奏，耽误正常拍摄，增加制作成本。所以，我在剧组中的作息也跟大家一样，若遇到夜戏，甭管拍到多晚，我也奉陪。

我觉得自己是为演戏而生的，因为一提演戏，我就两眼发亮；导演一说开拍，我就浑身是劲儿，一点儿都不觉得累。2022 年，九十五岁的我还数度飞往温哥华拍摄美剧《海上密室谋杀案》（*Death and Other Details*）。

这部剧讲的是，富豪科利斯包下豪华邮轮“伐龙那号”（Varuna），邀请众多亲朋好友一同度假，庆祝他退休，并见证他宣布新的家族企业继承人。除了科利斯一家五口（科利斯夫妇，女儿安娜，儿子特里普，养女伊莫琴）之外，还有他们重要的生意伙伴陈氏家族代表、华盛顿州长、邮轮拥有者等政商界名流。其中有一个特殊人物，那就是知名侦探鲁弗斯。陈氏家族并没有那么相信自己的生意伙伴科利斯，他们得到了科利斯家族早已濒临破产的传闻，所以雇佣鲁弗斯上船，借此机会调查实情。然而，科利斯的养女伊莫琴却因为种种阴差阳错，成为这艘豪华邮轮上一起密室谋杀案的头号嫌疑犯。为了证明自己的清白，她必须与她鄙视的却是世界上最伟大的侦探鲁弗斯合作破案。随着调查的深入，伊莫琴和鲁弗斯发现所有宾客和员工都有嫌疑，他们必须尽力揭开隐藏在谋杀案背后的巨大阴谋。

我在这部剧中出演的就是陈氏家族最具权威的长者。为了拍这部剧，剧组在温哥华搭建了一个巨大的豪华邮轮影棚，所有戏都在其中拍摄。虽然我再三说不需要特殊照顾，可在片场，剧组还是为我搭了一个小帐篷，放了一张折叠床，让我在拍戏间隙可以躺下歇息歇息。为此，我真的很感谢剧组工作人员贴心周到的安排。他们有所不知，我从少年时就很爱看侦探小说和电影，20 世纪六七十年代我在好莱坞的演艺事业刚起步时，也演过很多当时热播的探案剧集。演员就是这样，遇到自己喜欢的戏，怎么可能感到累和倦呢？就像我，头虽白壮志未央，老妇聊发少年狂，岂不快哉？

这部剧已于 2024 年 1 月 16 日在美国开播，开播一周，观众反响还蛮热烈的，这让我十分欣喜。我相信有机会看到这部戏的中国观众一定会喜欢的，因为这会让大家想起另一部多年前在大陆很火的电影《尼罗河上的惨案》。

## 戏如人生 安守“本”“分”

2018年和2019年这两年我特别忙，不仅要在中国大陆拍电影《红楼梦》，还要在中美两国折返，在美国拍摄电影The Gift，同时还有两部话剧《如梦之梦》和《德龄与慈禧》在大陆多地上演，所以那两年，我人不是在舞台上或片场，就是在通往舞台或片场的途中。

《如梦之梦》是导演赖声川长演不衰的“史诗级话剧”，全本演出八个小时，加上备场与幕间休息时间，一天的演出通常要求演员工作时长超过十个小时。这出戏二十多年前在台湾首度上演时，我便是顾香兰的饰演者。十余年之后大陆版本排演，我看了戏以后很激动，主动去找赖声川，我说下次换人的时候，我来试一试。他就请我来了。

所以，自2014年开始，我就主动接下了剧中老年顾香兰一角，这一演就是六年。八个小时的演出里，我的戏份被打散，我饰演的顾香兰贯穿故事始终，经历了近八十年的命运流转。民国期间，顾香兰是一家青楼的名妓，被为之倾倒的法国伯爵带至欧洲，她以为摆脱了一个牢笼，却不知又陷入另一个囹圄。之后她任性地游走于巴黎的艺术圈，表面上解放了精神上的自我，却不知为后半生颠沛流离的命运画出了轨迹。

在舞台上演了这么多年顾香兰，我感觉我的演技一直也在进步，我更成为“那个人”了，不知这是不是梅先生教导我的“到家”。

话剧不同于电影，电影的灵魂是导演，演员是靠导演调动起来的工具，而且电影是可以重复拍摄的；话剧则不一样，在一台话剧中，主要演员要从头撑到尾，出不出彩，不光靠剧本，也靠演员的临场发挥，所以相对于电影，话剧对演员演技的爆发力要求更高。但不管是话剧还是电影，都是合作的成果，只有大家都好，戏才会好。

与我搭档出演过话剧《如梦之梦》的青年演员孙强和胡歌，曾说他们与我同台，感觉很踏实，还有话剧演员魏启明与我合作后也说，他从来没演过那么舒服的戏。我并不认为他们是在说我演技多好，而是说我知道守好表演的本分和分寸。

什么是让人舒服的戏？就是到了别人的高光时刻，你要收敛，要尽力去烘托他，哪怕你是主角，此时有个配角在演戏，你也要去衬托他，成就他。成就他，也是为了成就整台戏。

这或许与我早年在好莱坞的经验有关。当年三十岁的我孤身一人在美国好莱坞打拼，亲眼见过很多演员在片场想尽方法突出自己。如某个男主角，叫灯光师调来调去把他的光打到最完美，全然不顾旁边的演员怎么样。还有的主角怕被抢戏，就在别人演戏的时候，做点小动作，吸引观众的注意力。对这样的行为，我很不齿，把自己的名气、经验、技巧用在突出自己而压倒别人上，这是不对的。一部戏不是一个人扛起来的，要大家都好才立得住。牡丹虽好，还要绿叶来衬托，如果叶子都枯了，你想一枝独秀也秀不起来。

都说人生如戏，这戏也如人生，都要安守本分。人生的本分，是尽职尽责，于我就是做个好女儿，好太太，好母亲，好演员，好公民；而戏的“本分”，就是剧本和角色，吃透剧本，把角色演到家。

## 四演慈禧

说起来，我与慈禧这个角色或许真的有缘。1975 年，我四十八岁的时候在邵氏出品、李翰祥执导的《倾国倾城》《瀛台泣血》中扮演了慈禧。到了 1987 年，我六十岁时又在电影《末代皇帝》中扮演了慈禧。三部电影都引起巨大反响，也获得了很多大奖。1998 年，七十一岁的我受邀与香港话剧团合作《德龄与慈禧》，并在香港首演，获得很多奖项和无数赞誉。2008 年 7 月，《德龄与慈禧》在北京国家大剧院上演，我以八十二岁高龄主演慈禧这个人物，令很多观众惊叹不已。当时我以为这或许是此生最后一次扮演慈禧了。谁料想，时隔十一年，2019 年“九零后”的我又重登舞台，再演该剧。

我太喜欢何冀平写的这个剧本了。她笔下的慈禧是我此生演过的最重要的角色，也是最想演、演起来最过瘾的角色。

相比起《如梦之梦》，我在《德龄与慈禧》中的戏份和台词量要大得多，人物也更难刻画和把握，和其他演员的对手戏也更多，即便比我年轻得多的实力派中年演员演起来也不容易。因此，当很多人听说我要再次登台演慈禧，心中除了敬佩、好奇，也不免替我捏把汗。说实话，我自己也有点犯嘀咕，担心忘词，担心状态不好。但与我合作的都是年轻人，他们都给我打气，给了我信心。

我要感谢观众们，他们也很捧我的场。记得我坐着龙椅一出场，就赢得满堂喝彩。当身旁的宫女、太监搀扶我时，我说“说过多少次了，平地不用扶！我又不是七八十岁的老太太！”观众们此时可能想到我都 90 多岁了，又是一阵会心的

笑声。而当我表演和荣禄的感情戏时，我这个一袭粉裙的老奶奶流露出少女情态，打情骂俏撒娇，更是令全场倾倒，笑声一片。

这便是我想要的效果，是“我的慈禧”，她不再是那个脸谱化坐在权力巅峰的阴狠毒辣的女人，而是有着七情六欲和复杂人格的“老佛爷”。我要展现她不同维度的情感状态：面对众人时的威严，面对小姑娘德龄时的好奇与不设防，面对皇后处理宫中事务时的和稀泥，面对皇帝时既不失真情又唯恐被夺权的警醒，面对荣禄时的亲近与娇嗔。不仅如此，我要展现给观众的慈禧还很聪明，是个有情趣的女人，也有很高的审美要求和品位。

因为记性大不如年轻时，在与德龄初次见面的戏中，我更多地运用了观察的姿态去解锁一句又一句的词，并不是

▲
2019 年，话剧《德龄与慈禧》剧照。

背台词，而是真听、真看、真感受、真反应，这样即使台词偶有磕巴，我也能找回来。这也与我多年训练出的职业习惯有关，每次接到一个剧本，我都会尽快熟悉台词，把剧本研究透，功课做足，这样到了现场无论是什么情况，我的表现都完全是那个角色。“卢燕不存在”，台上只有角色。

虽然台词不如以前说得溜，可说实话，我觉得我第四次演的慈禧，比二十年前好太多了，我演得比从前更细腻了，也更自如、更丰厚、更有底气了。岁月侵蚀了我的记忆力，却给了我更深的积淀，让我可以更全面、松弛地去诠释人物。特别是与荣禄的这场戏，因为对手戏演员王继世是资深的艺术家，对我有很大帮助，所以这一次的表演同前几次的版本都不同。

全剧重头戏当属慈禧和德龄的对手戏，在大清帝国行将就木之时，这一老一少、一尊一卑、一中一西的历史相遇充满激动人心的戏剧性。“德龄”由香港话剧团演员黄慧慈担纲，她将少女的青春和洋气演绎得恰到好处。而慈禧与光绪之间复杂的母子之情，则因为濮存昕与我演对手戏，让我演起来情绪格外饱满。多年前，我和濮存昕曾在电影《最后的贵族》里合作过，当时我们相约以后一起演戏，如今梦想成真，算是过了把瘾。濮存昕还说，我能演几场，他就陪几场。当时濮存昕已年过六旬，为了塑造光绪三十多岁的形象，在造型和声音上都做了极为讲究的处理，功力很不一般，他将光绪皇帝胸怀大志却困于现实、壮志难酬的复杂情感表现得淋漓尽致。台下的观众并不知道，他的腿和膝盖一年前受过伤，走路都困难，演出前刚刚做了手术，但在剧中却有好几段跪着演的戏，当时的我对他又心疼，又钦佩，心想，这孩子可真是好样儿的。

记得 2019 年中秋节那场是和天津话剧团一起演的，演出结束时，在观众如潮的掌声中，全体演员登台谢幕。坐着龙椅出现在舞台中间的我，再一次引发人们的欢呼和掌声。观众给予了我最高的褒奖，但我深知话剧的灵魂是编剧，所以我就以“老佛爷”的口吻“命令”扮演李莲英的演员：“宣北京金牌编剧何冀平上台”，引得全场笑声掌声雷动。

编剧何冀平和该剧导演司徒慧焯、香港话剧团艺术总监陈敢权都走上台来，为演员们献上鲜花和感谢，也共同致谢观众。我说：“我今天能够在何冀平这部作品中重新演绎慈禧，是我这一生最有价值也最难忘的工作！我很幸运在我这个年纪，还能和这么好的同伴一起工作。”

那一晚我们都很感动，大家都担心我累着，可我依然精神抖擞，很自然地去演就不会觉得累，只是戏服太重太厚，身上都被汗湿透了。台上星光璀璨，台下也众星云集。吕中、刘晓庆以及刚刚演完下午场的江珊等几位扮演过“慈禧”的名角儿，还有九十二岁的蓝天野和濮存昕九十一岁的母亲贾茎都观看了演出。演出结束后，他们到后台来看我们，我们留下了“四慈禧共度中秋”的珍贵历史时刻。

## 追光万里

电影开始于一道光，放映机沙沙响起，白色幕布被照亮，观众的面前就出现了流动的画卷。过去观影时，观众的目光总是被银幕里的人和故事所吸引，沉浸在光影交织的幻梦中。而电影《追光万里》打破了观众以前的经验，它带观众望向那束照亮故事的光——放映机背后的工作者。

2019年，导演张同道代表电影制片方找到我，说要拍一部讲述电影史的纪录片，片名叫《追光万里》，他选了五个人，分别有演员、导演、制作……个个都是传奇。他说要把我们华人对电影的贡献讲一讲，让大家看看中国人在世界的电影发展中都做了什么？他选的五个人中，李小龙、黄柳霜、黎民伟、蔡楚生这四位都已经不在了，我是唯一健在的人，他说再也找不到谁能替代我把整个影片全部串起来。因为我本身有丰富的从影经历，我的年龄也使我见证了电影史的百年发展，而且我和故事当中很多主角本人有过现实的交流，所以他们认为我是唯一人选，请我来讲述这个追光的故事。

我一口答应了，因为我太喜欢电影了，我也一直渴望让世界了解电影史中一些重要的中国电影人。于是，纪录片以我的视角开拍，摄制组跟随我，一起拍了四十几天，走访了全世界六个城市——洛杉矶、北京、上海、香港、广州、台山，还有一些乡村，一起追溯包括我自己在内的五个中国传奇电影人物的一生。

五个人中，从黄柳霜到李小龙，他们完成了世界电影史上华人形象的第一次转身，黄柳霜作为首位闯荡好莱坞的华人影星，在西方人心目当中是当时知名度最高的华裔女演员。但是在黄柳霜闯荡好莱坞的时期，美国观众无法接受由中国人在电影中扮演主要角色，不论演技如何出色，哪怕讲述的是一个中国故事，华裔演员都只能在其中扮演诡计多端、丑态百出的配角。为了与种族歧视抗争，黄柳霜拒演了那些能为她带来名利却充满歧视的角色，并带着摄影师访问中国，用胶片拍摄了许多那时候当地的情景，用影像向西方人展示这个古老文明国度人们的善良美好，以及中华文明的广博包容。李小龙是好莱坞功夫片的开创者，用中国武功的魅力影响了全世界，留下了一个个自信自强、坚毅勇敢、正气凛然的强者形象，不仅他的电影受到全球观众的追捧，中国武术动作还被不同国家的影迷争相模仿。从黄柳霜对种族歧视的抗争，到李小龙带动的功夫潮流，两位电影人实现了电影史上华人形象的根本性改变，他们内心怀有对中华民族热忱的爱，让全世界观众认识了中国文化。

而从黎民伟到蔡楚生，为中国电影应当肩负的社会责任奠定了基础。黎民伟在投身于电影事业之初，就认为“电影是文化教育的伟大武器”，提出了“电影救国”，他的电影美学思想、艺术水准都是非常先进的。他拍摄了三十余部革命纪录片以及十多部电影，题材大多关于战争与社会问题，留下了珍贵的历史影像资料，特别是上海苏州河畔的四行仓库斑驳的墙面，记录了日本侵略者的暴行，也让后辈看到当年中国有志青年抗击日本侵略者的无畏精神。黎民伟是一位伟大的电影人，是中国电影事业的拓荒者之一，我很崇敬他。

贵州深山的逃亡，是对蔡楚生的一次心灵洗礼。蔡楚生一生创作了多部经典作品，从中国首部获得国际奖项的《渔光曲》，到战乱与流亡的民众一起逃难，接受了“血的教育”后所创作的《一江春水向东流》，再到新中国成立后参与珠江电影制片厂工作，拍摄的《南海潮》。蔡楚生比较擅长细腻地表达人类共同的情感。他是一位现实主义大师，他的艺术创作总能揭露一些社会矛盾，让观众产生强烈的共鸣。他特别伟大的一个地方，是对于传统伦理道德入木三分的刻画，我看过他很多作品，深觉他是一位伟大的电影导演。

《追光万里》通过倒叙形式，回溯我的一生。从洛杉矶到香港，从香港到上海，从上海到广东，让我在返回故土之旅的一次次回望中，与影响我艺术生命的前辈重逢。也让后辈们看到在不同历史时期、不同社会环境的他们，如何以崇高的艺德、团结互助的品格、深沉的家国情怀与民族担当，在电影史上留下无数精彩的故事，成为一道道光芒，照亮未来的道路。

2022 年 7 月 29 日晚（当地时间），第七届中加国际电影节开幕式暨颁奖典礼在加拿大蒙特利尔成功举办。我凭借在《追光万里》中的表演，荣获第七届中加国际电影节最佳女演员奖，同时获得终身成就奖殊荣。通往领奖台的路很短，可我觉得它很长，我知道这是中国电影百年之路，是黄柳霜、李小龙等前辈们披荆斩棘踏出的路；领奖台上的聚光灯照在我身上，那一刻我觉得与我并肩站立的还有成百上千在暗夜寻光的中国电影前辈。

我是个追寻电影之光的人，在追光的路上，也让自己成为其中一束光，照亮更多人的人生之路。

2019 年 3 月，我完成了纪录片《中国百年电影史》的拍摄，作为亲历者和见证人，中国电影的百年历史重叠了我全部的人生，我虽然没能成为它的荣耀，却有幸为它的辉煌注解。这个注解还将继续。

▲

1999 年在旧金山演出话剧《喜福会》，我在剧中扮演琳达姨。

▲
1978年与昆曲及京剧表演艺术家俞振飞在香港艺术节上同台表演昆曲《牡丹亭·游园惊梦》。

记得也是2019年，我刚结束《德龄与慈禧》上海场的演出，制作方就邀约我参加来年（2020）的巡演，我当时毫不犹豫地一口答应，说："只要我还演得动，我就是属于舞台的。"谁料接下来新冠防范的三年，我未能再回到中国。

不过在这三年里，我也没闲着，除了在北美拍戏，还完成了之前给自己布置的一项作业：把六个我觉得有价值的英文剧本翻译成了中文。剧本是一剧之本，好编剧太重要了，没有好剧本，再好的演员也无力回天。我还把《德龄与慈禧》翻译成了英文，希望这出戏能很快搬上百老汇的舞台。现在的百老汇太缺这样的好戏了，满台都是玩技术的，缺少内涵。我想，以后等我真的不便上台演戏了，就坐在台下，看年轻人有好的剧本，并且可以演出彩，我也会很高兴。

虽然已经九十七岁了，但我并没有退休的计划。我觉得如果能够一辈子从事艺术，一辈子献身艺术，就是我最美好的人生。只要片方愿意邀请我，有让我出演的角色，不要片酬我都愿意演。一个人活着就应该做自己喜欢的事，而表演就是我最喜欢的事。

我现在依然可以飞行在世界各地的上空，我上飞机就能睡，飞行对我来说没什么障碍。我好几年没有回国了，我特别期待能够回到中国，能够再去游历我们的名山大川，能够再与同行一起演戏。我是中国人，我想在有生之年能再多演几部反映中国文化的戏，为中美文化交流以及中国文化在海外的传播效力。正是这种对工作的渴望，让我的内心充满力量，支撑着我一直进取，一往无前。

2024 年 1 月，《福布斯》发布了五十岁以上五十位杰出女性榜（50 over 50），我的名字也位列其中。但说实话，如此名利并不是我所期待的。

如果问我期待什么？

我的回答永远是：我在期待自己的下一个角色。

20 世纪 90 年代，在洛杉矶
演出京剧全本《桃花村》。

▲
20 世纪 60 年代，和白先勇相商如何推出他的《玉卿嫂》。

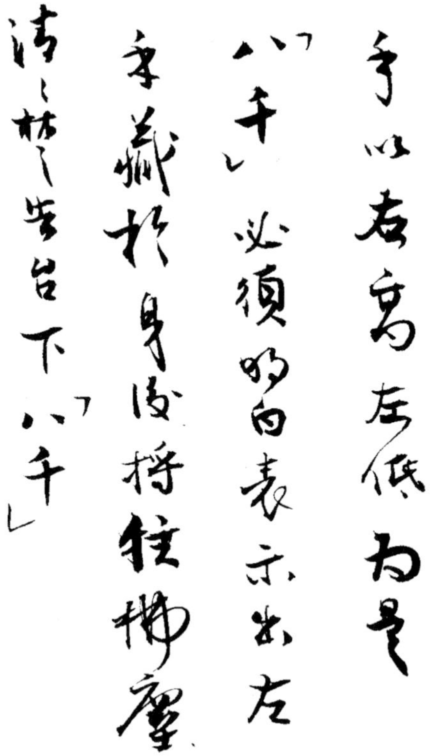
手以右高左低为是「八千」必须明白表示出左手藏於身后指挂拂尘清清楚楚出台下「八千」

20世纪60年代，与书法家和昆曲专家张充和在耶鲁大学的家中。她教我唱《思凡》，身上的行头都是她所藏，她还在照片背后亲笔题字。

1979 年，第一次回国，在北京帘子胡同梅兰芳居所，与葆玖、葆玥合影。

20 世纪 80 年代回国时，在人民大会堂得到邓颖超大姐接见，她是一个非常和善的老人。

20 世纪 80 年代，在北京饭店见到曹禺先生，向他说起我大学时代就演出过他写的《雷雨》。

出席上海国际电影节，与著名电影艺术家孙道临先生合影。

20 世纪 80 年代，在北京护国寺大街悠闲地骑着自行车，感觉十分惬意。

20 世纪 70 年代，在张大千先生的美国寓所，大千先生与我母亲相熟，我特去他家拜访。

20 世纪 80 年代，与一代相声大师侯宝林合影。

20 世纪 80 年代，在北京夏衍先生家中，与夏衍先生及他的女儿合影。

拍摄《倾国倾城》前，初抵香港，与导演李翰祥合影。

1979 年，在北京遇见著名导演张骏祥先生。

20 世纪 80 年代，在上海与导演舒适、著名演员刘琼合影。

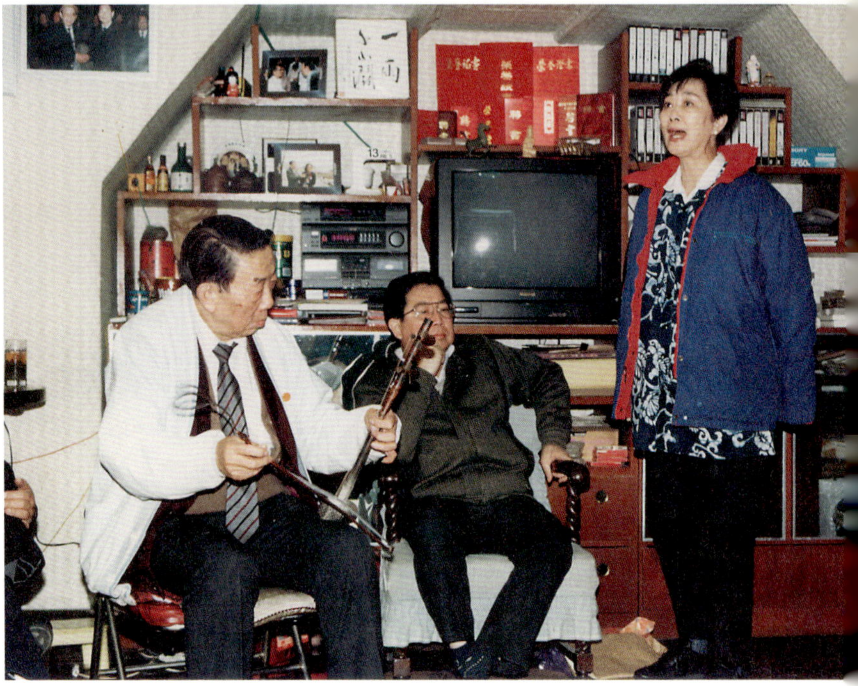

20 世纪 90 年代，在演员程之的家中，他拉琴，我吊嗓，沙叶新聆听。

▲
2006 年，在第九届上海国际电影节闭幕式上，与著名影星爱德华·诺顿（Edward Norton）一起为金爵奖最佳女演员奖颁奖。

# 下篇

# 致 Lisa Lu
## ——1970 年为她的生日所作

亨利 · 米勒

生于皇城北京的显赫之家，
注定要在遥远的西方传播她的光芒，
一个温柔的精灵，拥有无限可能，
一只迷醉的鸟儿，飞向天堂。

穿越万古千秋，跨越山高水长，
她的未来湮没在过往，
也许在东吴，
也许在伊斯坦布尔，
也许在赫利奥波利斯，
伴随着骆驼的铃声和金子铸成的锣的鸣响。
啊，为了那古老华夏的岁月。

振翅吧，光明的信使，
让我们飞到极目之处，
用歌喉，
用无言的模仿和你清丽的身形，
取悦我们。

你来到世上，为我们带来喜乐，
安慰，悲悯。
你已经浸入，

灵魂的幽秘之处。

你的出现本身就是一种鼓舞。

永不动摇，永不质疑。
闭起双目始终向前——直奔目标!

你对生活索要甚少，却给予甚多。
在一个充斥傻瓜和骗子的世界里，你是那样的高贵和宽厚。

你让我们对梦幻有了一丝抚触，得到一个神启。
你是很难捕捉到的，也不是样样都知晓，但总是善解人意。

你像天堂门口的百灵鸟振翅盘旋。你倾力去铭记所有的戏，除了你自己的那一部。
这部戏，你演不出来，你必须活出来，然后，抛开去。

愿你的每一天都配得上你高远的志向。

# 我所熟知的影星卢燕

杨世彭

久居好莱坞的国际影星卢燕，想来很多华人知晓，我却有幸成为她将近四十年的挚友，也曾与她多次在舞台上合作。

首次与卢燕见面，是在 1968 年的春天。那时我刚任科罗拉多大学戏剧系的助理教授，在美国戏剧协会的年会上组织了一个讨论中国戏剧的论坛，邀请匹兹堡大学的杨富森教授及将取得博士学位的胡耀恒兄，连我一同共三人，每人发表一篇论文。会场中无意看到坐在第一排的，竟是大名鼎鼎的影星卢燕，原来富森兄交游广阔，影星是他请来的。会后富森在中国城的某大餐厅设席庆功，正式为我介绍了这位名人。

第二天下午，卢燕邀我到她好莱坞的家中聊天。准时找到她家时，她正指挥花匠浇花除草。那天女主人穿了件花色鲜丽的洋装，薄施脂粉的她衬着园中夕阳，真可谓人比花娇，令我不禁暗中喝彩，心想这位曾经搭戏马龙·白兰度（Marlon Brando）、詹姆斯·史都华（James Stewart）、维克多·迈彻（Victor Mature）等国际巨星的影星，到底不是等闲人物。

卢燕亲切地上来迎接，并把我介绍给她母亲李老夫人。我对京戏颇熟，知道这位老太太就是当年与梅兰芳合作过的须生名伶李桂芬，走红之时曾与孟小冬齐名。由于我是小生票友，熟悉京剧剧目及典故，跟她母女很快就谈得非常投机，以后也成了她们府上的常客。

卢燕的先生黄锡琳兄也是极忠厚的好人，早年是国民政府的外交官，与卢燕在檀香山结识成婚，然后就成为她最忠心的爱护者、支持者，直到十年前因癌谢世。他们育有一子二女，大女儿还有极高的艺术素养，曾为百老汇名剧《蝴蝶君》作曲并现场伴奏。卢燕事母至孝，老太太也安享高年，无疾而终。作为女儿、妻子、母亲，卢燕都尽了最大的责任，也像她的演艺生涯一样，表现得尽善尽美。

可是，银幕跟舞台上挥洒自如的女主角，在厨房里却往往束手无策。有次我经过洛杉矶造访卢燕，发现她当晚在家请客，客人中还有我认识的王复蓉、陶大伟夫妇。那时宾客已齐，卢燕在厨房里手忙脚乱，菜肴却半生不熟。我看不过去，卷起衣袖入厨帮忙，终于帮她搞好一顿晚饭。自此之后卢燕对我“另眼相看”，每次到我家做客都事先点菜，然后由衷赞赏我调制的中西佳肴。

我跟卢燕的首次合作居然不是话剧而是京剧。1978 年的秋天，卢燕来电邀我参加香港市政局主办的亚洲艺术节，跟她合演京剧《金玉奴》，她饰女主角，我演薄情郎莫稽，另一主角丐头金松，她说将由大导演李翰祥担纲云云。那时她刚以慈禧一角荣获金马奖最佳女主角，那部《倾国倾城》及同期摄制的《瀛台泣血》都是李翰祥执导的，他们之间的交情当然足够。这样的场合这样的搭配，对我这个籍籍无名的票友来说岂非天上掉下的过瘾良机？当下摩拳擦掌悉心准备，除了吊嗓练功、寻求名师指点身段外，还将西洋表演学的“斯旦尼体系”充分利用，为我的角色撰写“假设自传”及“角色分析”，以“变形虫”作为他的“角色象征”，在每场戏里找出他的“行动主线”“原本动机”，将整出戏中他的戏份列出“旋律曲线”，等等。在下表演水平不过尔尔，但在这明星担纲的国际场合，我这个在美国戏剧系执教的正教授系主任可不能在香港丢脸！

结果李翰祥因急事退出，丐头一角由影星杨志卿饰演，李大导则在彩排时亲来拍摄记录像片。正式演出当晚，香港大会堂冠盖云集，邵逸夫率领众多男女影星前来观剧，连香港行政长官都来看戏，当然都是捧卢燕的，而她也的确表演精彩。我自问当晚不过不失，表演成绩尚好，因为第二天亲戚传话，说有某某阔太打算邀我合演，可见还在香港留下一丝半毫的好印象呢。

第一次以导演身份与卢燕合作，是1985年的《小狐狸》。那时我任香港话剧团的艺术总监，邀请卢燕来港饰演此剧的女主角瑞吉娜（Regina）。这是美国剧作家丽莲·海尔曼（Lillian Hellman）的得奖名剧，百老汇长期公演后曾拍电影，由贝蒂·戴维斯（Bette Davies）主演。1981年此剧在百老汇再度献演，由伊丽莎白·泰勒（Elizabeth Taylor）担纲。乘着百老汇刚过的热潮，我想把这极其精彩的“善构剧”译成中文作为华语首演，由卢燕主演这个美艳毒辣的瑞吉娜。在当时的演艺圈里这个角色的确不作第二人想。

香港话剧团是个粤语职业剧团，《小狐狸》当然也以粤语公演。我深知卢燕兼擅粤语，因为曾在电视访问中见她侃侃而谈，发音相当纯正。可是，粤语交谈容易，要背熟五六百句台词而毫不出错，可要靠些本领。排戏一开始，我就发现卢燕的粤语台词诵读不够精准，急切之下只好恶补加工，在这件事上就看得出卢燕的毅力及求好精神了。她请团中朗诵最佳的女演员为她录下瑞吉娜一角所有粤语台词，再请数字演员轮班陪她日夜对词，随时纠正发音上、语气上的不足。她在每天排戏八小时之后另下私功，连晚上睡觉时都把录音机放在枕边倾听台词，这样不眠不休地工作六个星期，终于把这些粤语台词给“吃了下来”，诵读得铿锵动听而充满感情，加上她天赋的表演能力及独具的明星气质，把这难演的角色发挥得淋漓尽致，获得香港观众及评论家的一致赞美。从此以后，我才了解卢燕那温婉柔顺的表象背后，却有一份坚毅求全的固执，这位明星之所以成功，绝非仅靠运气和漂亮的脸蛋。

第三次跟卢燕合作，却要等到十三年之后。那时我已从科罗拉多大学戏剧舞蹈系提早退休，二度担任香港话剧团的艺术总监。1998 年的春天，我们驻团编剧何冀平女士，也就是《天下第一楼》的作者，为我们编写了一出大型清宫戏《德龄与慈禧》，将在香港文化中心盛大演出。我选拔了国语粤语两组演员同排同演，国语组的慈禧老佛爷，当然非卢燕莫属。

困难却是香港话剧团经费有限，要支付国际影星的头等越洋机票及两个月的五星酒店略感困难，而在香港影剧两坛及团中，想要争取这个角色的颇有其人。我把这些“政治因素”如实告诉卢燕，她却一口答应自寻赞助，仅收我们预算中编列的生活费与报酬。

这次卢燕以国语演出，当然游刃有余，全剧六百多句台词由她念来动听极了。她由于早年曾在梅兰芳先生的家里长住，看惯了老北京人，甚至清宫老人的生活习惯，她又精熟京昆身段，剧中特有的那种清宫宫眷气息，在她身上能自然流露。她那时年纪跟晚年的慈禧相差无几，又在李翰祥的清宫电影及贝纳尔多·贝托鲁奇（Bernardo Bertolucci）的《末代皇帝》里演过这个角色，因此不须指点，排起戏来挥洒自如。在她极其敬业的工作态度影响之下，其他三十几个大小角色无不尽心尽力，我这国粤两组的大型清宫戏排得十分顺利舒畅，是我毕生导戏经历里最最过瘾的剧目之一。

《德龄与慈禧》的首演，恰逢第二届华文戏剧节的开幕，全球华语话剧精英大多到场，对此剧能在观众围坐、换景极难的“圆周剧场”内营造大型清宫戏的规格与繁复大表惊异，对演员团不分主角配角、国粤语两组相互支持的工作精神直叫难得，而对卢燕的精湛演技更是赞不绝口。这出戏荣获香港戏剧协会多项主奖，包括最佳年度演出、最佳剧本及最佳导演，但由于卢燕不是长住香港的本土演艺人员，格于协会成规，并没得到她实至名归的“最佳女主角”奖项。

《德》剧粤语组曾在2001年的初春重演，作为我从香港话剧团荣休前的临别献礼。五年后的冬季，又作重演，也促成我与卢燕的第四度合作。这次的演出仍在香港文化中心大剧院，也有国语、粤语两组演员，但与1998年大不相同：它不再是观众四面围坐的“圆周剧场”，而是传统“镜框式舞台”的大剧场演出。

既为大剧场演出，清宫戏的华丽场面也就次第呈现，两组演员相互支持的工作形式予以保留，卢燕这位极为称职的老佛爷也被邀回，她仍然慷慨地不计报酬自寻赞助。那时卢燕春秋虽高，身手仍然灵便，精神照样充沛，排起戏来不输年轻后辈，工作态度也同样敬业，而她极标准的京片子与独具的优雅气质，后辈们可就望尘莫及了。新版《德》剧五星期的排练仍然顺利愉快，台上的呈现，在更加华丽的布景灯光和服装陪衬之下，规模与气势更胜一筹，而卢燕的老佛爷也更神完气足。这次演出我们邀请资深国际影星曾江先生饰演慈禧的情人九门提督荣禄，他们两人的温馨对子戏，看过的无不击节赞赏。

本文结束之前，我愿提起一次我俩未竟的合作，那就是1981年台北的舞台剧《游园惊梦》。话说白先勇兄想把他的同名小说改成话剧形式在台公演，也已写出剧本初稿，卢燕早是内定的女主角钱夫人，提议由我执导。1981年春天我在加州长堤选拔科州莎翁戏剧节的演员，卢燕、先勇两位赶来看我，那时我已看完先勇的初稿，写下四十项更改的建议，三人见面时据以逐一讨论。先勇觉得我的建议颇有道理，也跟剧场演出的实际考虑有关，他就提议跟我联名合写第二第三稿，而这随后问世的《游园惊梦》舞台剧演出本与出版本，也是我俩数月改写的成果。

结果我在 1981 年冬天去台北导戏，《游》剧的公演一直受当局的明暗抵制。当时刚刚发生陈文成教授在台大校园离奇死亡的命案，矛头直指当局的谋害，台湾地区学术界、文化界杯弓蛇影，人人自危。我在台北待了三星期，《游》剧演出一无进展，对我不利的讯息及实例却逐一浮现。那时我刚到大陆研究戏剧发展，颇受当地官方及剧界人士厚待，台湾地区某些高层因之也有不悦言辞，对我执导这出描写高级将领腐化生活的剧本当然暗中抵制。结果我沉不住气，返美照顾须进医院治疗的妻子，而先勇与制作人许博勇兄也决定阵前换将,导演一职改由服务电视界的黄以功兄接任《游》剧后来破禁公演大获成功，我在这件事上曾花不少心血，但仍无缘终其事，是我生平大憾之一。

卢燕对演话剧一直兴致勃勃，与我见面时总要鼓动我为她译导另一出适合她主演的剧目，我也曾建议《为黛西小姐开车》（*Driving Miss Daisy*）、《金色池塘》（*On Golden Pond*）这类得奖名剧。眼看卢燕健旺如昔，我俩再作第六次第七次舞台合作，似乎大有希望呢。

## 追求完美的卢燕

许鞍华

我第一次知道卢燕，是看她 60 年代主演的电影《董夫人》，故事发生在中国的明代，她出演了一位悲剧性的年轻守寡的少妇，受到封建理教的束缚；为了成全女儿的爱情，她放弃了一位男士的追求，而让这位男士娶了自己的女儿。卢燕在银幕上的形象兼具了东方女性的含蓄，典雅，超凡脱俗，又不失真实，这是她异于其他同时代美丽女演员的地方。

在这之后我和她见过一两次面，仅是点头之交，她给我的印象仍然是非常的高贵，优雅。

1995 年，我去洛杉矶参加影片《六月雪》的公演，酒店说有一位叫 Lisa 的女士给我留言，当我回电的时候才知道原来是卢燕的留言，她邀请我和她一起去赴一个晚宴。她和另外两位女士一起来接我，她们活泼可爱的神情，俨然一副仍在学校读书学生的样子。卢燕言语不多，但笑得非常灿烂。我们一起开车去参加一个首映庆功宴，宴会提供了各式各样丰盛的烧烤。首映影片好像讲的是发生在美国中西部的故事。感觉宴会上的每个人都和她熟识，而且都那么尊重她、喜欢她，她一面像女王一样和每个人都亲切地打招呼，一面带领着我们径直走到吃汉堡的地方，我们兴奋地开怀畅饮，我感觉一辈子也没有吃过那么多汉堡和排骨，我惊奇这几位女士可以吃这么多，仿佛在她们的字典里没有“节食”这个字眼。

终于在 2005 年，我和卢燕有了合作的机会。在《姨妈的后现代生活》影片里，她饰演斯琴高娃的邻居，在这个影片里她要学习新疆舞、革命歌曲、京剧，还得通晓普通话和上海话，如我所期待的一样她每样都非常出彩。

在她的年代里，她是一位出色的演员，而且参与过很多幕后工作；但那次合作让我真正看到了她对于艺术的热爱和投入。记得那次我们要拍一幕戏，只需要一两个镜头，内容是她带着灰白的假发，在自家卡拉 ok 前唱歌。安排外景的负责人很难找到一个合适的公寓来拍这个镜头，后来克服重重困难终于找到了一个地方，但只被允许借用两天，于是我们只能立马开拍。当时卢燕说："如果立刻要拍，我就没有机会练习我的歌。"我没有留意到她的不安，因为每次她来拍戏都非常投入，而且都是一气呵成。我也知道唱歌对她肯定不成问题，但拍摄那天我才发觉她始终很不安，手都有些发凉，眼泪在眼眶打转。我非常感动，那个时候我才发觉她拥有伟大的艺术家的内心，她是那样一个追求完美的人。

她从来不炫耀自己，不炫耀过往的成功和子女的光芒。我逐渐知道她有良好的家庭背景和教育背景，所以会说这么地道的普通话、上海话、广东话和英语。她原籍广东，从小住在北京，在上海读大学，主修财务管理，后来又到美国读书。在她没有上戏剧学校的时候，就已经有很好的学识了。在拍《姨妈的后现代生活》的时候，我们一起在上海住了四个月。她一个人住在公寓里，我常去看她，有时候是讨论工作，有时候是纯粹聊天。当我问她晚上自己煮什么吃，她告诉我说她没有做过饭，因为每天都有朋友请她吃饭。

几个月后她的戏拍完了，在她离开剧组前的那天晚上，她请我、斯琴高娃，还有剧作家李樯去聊天，李樯因为身体不适未能去。她在屋子里准备了很多糕点、零食，还有半瓶红酒。因为她要离开了，于是要我一定把这些东西带回去吃，还叮嘱她的冰箱里还有一大盒哈根达斯冰激凌，走时记得带上。后来我走的时候还是忘记了。第二天我的助手告诉我，早晨卢燕托她转交哈根达斯给我，但由于没碰到，便被我的助手们吃了。

这次之后，卢燕常到香港来，参加电影节、艺术节，或出演舞台剧。有一天她打电话给我，我便请好友汤导演带我们去西贡的一个渔村吃海鲜，饭后汤导演说开车带我们去各处逛逛，卢燕提议我们去清水湾的邵氏公司看看。在清水湾的邵氏片场，她曾经出演了给她带来无数赞誉的李翰祥的《倾国倾城》和《瀛台泣血》，她想故地重游。80 年代我在也曾经在那里工作过，于是我们就避开门卫把车开进了片场。然而里面已成为一片废墟，偌大的摄影棚、办公楼都残破凋零，瑟瑟的冷风吹得让人倍感凄凉。我屏住了呼吸，那是一种说不上来的感伤。汤导演说，邵氏公司一定是已经搬到新场地去了，然后卢燕说了一句："繁华过后，名利都是过眼烟云。"

我很期待能再次和卢燕合作。

# 我所认识的卢燕

王维力

凡是认识或见过卢燕的人，都会对她那文静、端庄的仪表印象深刻。人们说，你瞧，哪怕是倒个茶、端个水，她也会显得那么优雅、斯文。

是的，卢燕从小就受过良好的教育，母亲是德艺双馨、名重一时的京剧演员李桂芬，她们曾借住梅兰芳大师家中多年；后来又进上海圣约翰大学、上海交通大学、美国的夏威夷大学，及帕萨迪纳戏剧学院求过学。由于耳濡目染，再加上自己的天资和努力，使她学贯中西，且具艺术修养，她的举手投足就说明了这一切。

她是演员，但在生活中，没有丝毫“舞台腔”。那风姿绰约，完全是学识及艺术底蕴的自然流露。

她极富语言天才，普通话、上海话、广东话都讲得好。她二十岁起就定居美国，英语和美国人没有区别；但讲中文时，绝不会夹杂一些英文单词 —— 她说中国话时，就是纯正的中国话，说英语时，就是标准的英语。

1958 年，卢燕在好莱坞登上银幕，走过一条漫长的路。在这里发展当然不是容易的事，但经过拼搏，她终于站住了脚，不但演了为数可观的电影、电视剧和舞台剧，而且当上了奥斯卡金项奖的评委，并且是评委中唯一的东方人。

她的表演才能受到各方面的肯定。美国影评人对她的评价是“从容、自然、可爱、生动，使人改变了过去对中国女性的陈旧观念。”在银幕和舞台上，她曾与好莱坞著名演员詹姆斯·史都华，马龙·白兰度，尤·伯连纳（Yul Brynner）等合作过。

她在中国演的影片和舞台剧，更为同胞们津津乐道，还获得了金马奖、白玉兰奖等多个奖项。我对她的几个作品，印象也极深刻。

我喜欢她在香港拍的《董夫人》（1970 年，唐书璇导演），这部影片描写的是明万历年间，一位极受村民爱戴的寡妇董夫人，在等待皇帝“御批”建立“贞节牌坊”的一段时间内，遇到一个来此保护村民并借住她家的杨尉官，产生一段情感上的波澜。后来还是克制了自己的感情，得到了这封建社会给予妇女的“最高荣誉”。

片中没有多少对话，也没有画外音，更没有如今影片里常有的“激情”场面，看似平淡，却充满内心戏。董夫人心底里翻江倒海，却始终保持着平和淡泊的外表，但又无论如何也掩盖不了内心的孤寂和痛楚。卢燕成功地塑造了董夫人的形象，这是需要艺术表演功底的。

我喜欢她在香港拍的《倾国倾城》（1975 年，李翰祥导演），她在片中出色地诠释了慈禧太后性格中的不同侧面。虽然固执、专横，但有时在小事上也表现出了宽容、大度；虽然凶狠、毒辣，却表现出封建社会女性的无奈和挣扎。

卢燕和 1948 年《清宫秘史》中唐若青扮演的慈禧太后很不一样。唐在此片中从头到尾一直蛮横到底，并没有层次的变化，而且表演方法更接近舞台剧，那个时候给观众留下了深刻的印象，也属难能可贵。卢燕塑造的慈禧，的确是一个更加丰满的历史人物形象，在当时使人耳目一新。

卢燕 1982 年应邀去台湾演出了白先勇的话剧《游园惊梦》。由于剧本先天上具有优势，舞台调度新颖，京剧、昆曲段落穿插得当，再加上卢燕等人的精彩表演，让观众们感到痴醉、酣畅。

白先勇很会写女人，特别擅写那种昔日的辉煌已成过眼烟云，今昔对照，感到无限惆怅的人物。剧中卢燕扮演主角钱夫人，这个人物曾是昆曲名旦，后加入侯门，成了大她几十岁的钱某的续弦夫人。她出身寒微，却上进求好，虽不贪图这“夫人”

的虚名，却仍被这虚名所累，战战兢兢地试图做到一切无懈可击，可就偏偏遇上了一个使她觉得“只活过这么一次”的人……过后，悔恨不已，自责辜负了钱先生。卢燕很好地表现了钱夫人的外柔内刚，举止大方典雅，毫无小家子气；又因曾是一个训练有素的京昆演员，在不经意中显露出只有梨园女子才有的婀娜委婉。她身材修长，一身葱绿色镶着白地绣花边的旗袍，后拢的秀发，结成一个大髻，髻旁插着大朵的鲜花，似乎可嗅到高雅淡洁的清香……从外形到气质，这角色非卢燕莫属。

卢燕 1979 年回到阔别三十二年的故土，这里的一切使她浮想联翩：世界上有这么多不同的国度，不同的民族，有着不同的生活方式、思维方式，如果我们能够互相了解、互相宽容、互相取长补短，这个世界就会更加光明与和谐。

她看到中国的巨大变化，恨不能把所见一切事物都告诉那些对中国不够了解的人。她激情满怀地当制片人、组织者，拍了许多介绍中国特有风光的影片，然后凭着自己的真知灼见，很快地把焦距对准了西藏。她不畏难险，多次进藏，行程万里，为的是向世人展现西藏的风貌以及藏族人民生活状况发生的惊人变化；并告诉世人，许多有识之士为了西藏的繁荣，从全国各地来到这里，贡献了自己宝贵的青春，甚至生命。由于这些影片素材真实，感人至深，在国际上反响强烈，也获得多个奖项。她还拍了《中国早期华侨对美国开拓的贡献》等许多有意义的影片。

另外，她更是别出心裁地把《拾玉镯》《武家坡》《打渔杀家》等七出京剧翻译成英文，用中文演唱，英语道白，再配上英文字幕，取得了很好的效果。她就是如此用心良苦地向世界介绍中国的优秀传统文化。她能做到这一切，一方面是因为她的执着，另一方面也是因为她在京剧、文学、英语各方面的渊博学识。其实她本人在京剧表演方面的造诣是很深的。她曾唱青衣、花旦，在舞台上塑造了许多或凄美贤良，或俊秀妍丽，或娇憨活泼的形象。当她戴上冉口，用真声唱起老生戏，竟然也是那么在行，或激昂慷慨，或悲情苍凉，或潇洒俊逸，真是脍炙人口，令内行观众随着节拍摇曳着、陶醉着……她还曾和梅葆玖合演了一折《长生殿》，在剧中演唐明皇。

她也将一些美国文学、戏剧中的优秀作品带给中国大众。她把名剧《洋麻将》《普来斯大饭店》等译成中文，并搬上了中国舞台，自己也参加了演出，深获好评。

卢燕永远是忙碌的，她家里有几个房间都堆满了资料，包括美国几大影片公司寄来的剧本、剧照等，一箱一箱摞在那里，她不时地穿梭其中翻找寻觅，她深入地研究了这些资料，并且经常去观摩电影、戏剧，给不同的报纸、杂志写影评，写心得。帮助人们更好地认识这些作品。

她早已掌握了电脑技术，用它撰写中、英文的文章。她对新事物接受得快，学得也快，这说明她愿意而且能够跟上时代的步伐。这点我真自愧不如，至今写文章，还靠着一支圆珠笔。

卢燕每年频繁来往于不同的国家和地区，她演电影、演电视剧、当制片、唱京剧、演话剧，还要参加众多的国际电影节。我常常收到她自世界各地寄来的信件或明信片，届时我才知道她又出门儿了。那信件一会儿是从百慕大群岛寄来的，一会儿是俄国索契，一会儿又是上海、香港或台湾……

卢燕为人善良、谦虚，从来没有听到她说别人的坏话或搬弄是非，她总是看到别人的好处，尤其在同行之间，这是许多人做不到的。

她曾在李翰祥导演的《倾国倾城》里出色地扮演了慈禧太后，这是有目共睹的。本片也给她带来了荣誉（“金马奖”最佳女主角），但她告诉我，原来此片是想请李丽华出演的，后来一些条件没有谈拢，才请她来演。她说李丽华也一定会演好这个角色。在她嘴里总是称李丽华为“天王巨星”，并称赞她永远年轻美丽。

说到拍《倾国倾城》，还有这样一段插曲，在拍摄的最初，一个镜头连拍了四十多次，导演李翰祥还是“不满意”。诚实的卢燕没发脾气，也没气馁，从不同角度理解，诠释剧中人，最后才知道是李翰祥故意“刁难”她，想逼着邵氏公司换李丽华来演这个角色……卢燕的敬业精神使李翰祥敬佩，并“坦白”地说：“其实当你往那儿一坐，就已经是‘老佛爷’了。”剪辑时，选的就是第一次的那个镜头。

至今她没有责怪李翰祥对她的捉弄，总说李翰祥是一个难得的天才，说他知识面广，熟悉历史；并且因为有美术基础，对布景的设置、道具的选择、镜头画面的布局，都有独到之处。

在国内拍电视剧《乾隆王朝》时，她对我说，能和焦晃这样一位好演员一起演戏，是她的荣幸。剧中他饰皇儿，时不时要给扮演皇太后的她跪拜行大礼，她感到实在过意不去。

卢燕是个十分有爱心的人。她资助多个中国学生在美国上学，由于她的帮助，这些学生能安心求学，并取得了很好的成绩，这使她感到无限欣慰。

她还为母校上海交通大学设立了基金会。记得与她相濡以沫的丈夫黄锡琳先生去世时，我曾给她寄去一些钱，托她代订了一个花圈。事后，她写来感谢信，并说花圈只用了一半钱，剩下的捐给交通大学基金会了。

卢燕和李翰祥因合作《倾国倾城》《瀛台泣血》，建立起深厚的友谊。李翰祥在美国洛杉矶因心脏问题动了大手术，从接洽医院、选医生、交保证金到出院休养都是卢燕精心安排的。

卢燕乐善好施，对朋友、对有志青年的帮助毫不吝啬。她在个人生活中也有节约的好习惯，比如电影公司寄资料给她，用的是质量很好的大信封，她把它们留起来，以便废物利用。她还给了我一些，至今还没用完。

我们一起时，常常谈到戏剧、电影、美术。有一次谈到现代京剧《红灯记》中李奶奶“痛说家史”那一段时，她声音哽咽，说每每听到这一段，都不能控制住自己的感情……我何尝不是如此，良久，我们默默无语……

在谈到喜剧时，我说我讨厌那种挤眉弄眼，装疯卖傻的表演方式。她沉默片刻后说，她曾在一部喜剧片中也是这样表演的，本来她不愿意，但经过导演的“开导”，“我就同流合污了”，她说。看着她此刻“痛苦”的表情，我忍不住大笑起来。

有时我们的看法也不尽相同。谈到王家卫的《花样年华》时，我说片子太沉闷，她说这正是导演要表现的剧中人的心情，我却说：“表现剧中人的苦闷是可以的，却不应该使观众沉闷地坐不住。”

给卢燕画一幅油画像，她说：“请不要记住我现在的样子，我年轻的时候并不是这样。”我却真诚而严肃地对她说，年轻有年轻的美，但人们往往随着年龄的增长，阅世渐深，学识渐丰，便也增加了修养，增添了气质，也就有着年轻时不可能有的美。比如梅兰芳年轻时的照片，总有着不够柔和的感觉，而在他暮年却有着无与伦比的雍容、妩媚，因此更加迷人。卢燕也是这样，如今的她毫无老态，有的是成熟、高雅、宁静和豁达……所以我决定还是画她现在的样子。

卢燕把演艺事业看成自己的生命，她没有像某些有点成绩的人那样盛气凌人，也不像某些艺人“看破红尘”般的懒散、放任。她永远像一个初上银幕的新人，永远跃跃欲试，永远期待着更上一层楼。她无论演电影还是舞台剧，无论演主角还是配角，都兢兢业业地追求完美。她有着和年轻人一样的充沛精力，并有着年轻人所没有的经验和阅历，同时又在冥冥中感到岁月之匆迫……她是那样渴望着，但愿有更多的机缘，与志同道合的朋友们再在银幕上、舞台上共同创造新的精品，呈现给大家——我们作为她的朋友和观众，也是这样期盼着。

# 最远又最近的星星卢燕

黄宗江

古云光阴似箭，今可谓似卫星。我和我老妹子卢燕，今已从古稀进入耄耋。还是几年前，我在《大众电影》上发过一篇《演员赋》，有这么一段：

我最仰慕的、最遥远的女演员是好莱坞的卢燕，她是我义妹，艺妹，乃又称黄宗燕。她是美籍华人，曾三获台湾金马奖影后头衔，在好莱坞和詹姆斯·史都华合作主演影片，今已入古稀近耄耋之年，孀居洛杉矶。孤燕还巢北京，还何其潇洒地在舞台上唱了《沙桥饯别》中的唐王，在银幕上和梅门葆玖对唱了《太真外传》“密誓”中另一唐王。我不仅赞她仪态从容，心态从容，更是赞她这般从容地进入老年（其实美国人连“老”字 old 都避讳）。这对于一个曾经辉煌而年华已非花样的演员尤属不易。唯有一生执着从艺者的谦虚与自信，才能获得从容的自由。

容我也再自由几行。近年来，卢燕披着秀美的银发仍在奔走——应作“奔飞”于海内外。只要有缘，她不吝只有一两个镜头，也真格地“友情演出”。她在北京舞台一露她演得最绝的慈禧，还居然有太后的爱情。

我说话作文最不愿用“最”字，在此短叙中却连用“最”字，在煞尾我还想“最”它一下。有言“谁笑到最后笑得最好”，作为演艺界中人，我想说：“谁演到最后演得最好！”好一个卢燕！

## “没人能把我当傻瓜”

谭恩美

当我第一次看见卢燕走进房间的时候，我觉得自己看见了一位女王。当然，作为演员，她至少演过三次太后的角色，她按照好莱坞剧情片要求的那样，把这些角色演得冷酷无情。但是，她举手投足更多地透出了皇室风范，流畅优雅、不慌不忙，走过地板时散发出一种风采。她就像一位芭蕾舞演员，或一位昆剧名角。经过艰苦卓绝的练就，一举一动都显得轻而易举的优雅，所有手势看似随意却富含深意。她秉有一种温馨而镇定的气质，仿佛传达出一个明确的信息：“没人能把我当傻瓜。”

也许是所有这些完美融合使我觉得卢燕就是《喜福会》中母亲们的最佳人选，无论小说还是电影，《喜福会》的母亲们总是保持着永恒流动的对立：娇小而又隐然巨大，安静而又暴躁苛求，后悔之余又无可救药地抱有希望。她们毁灭又阻止毁灭。我想，这可能得益于卢燕曾经扮演女皇帝的经历。可以肯定的是，这也得益于她有一个与我同龄的女儿。无论如何，她拥有一副母亲惯有的神态：盯着你，一直凝视着你，一直看到你的眼睛里面去，在你坦承一切之前绝不罢休。

当我们刚开始排练《喜福会》的时候，王颖（导演）听到卢燕念台词，不由得欣喜若狂。她不慌不忙，用平静低调的诉说和努力寻觅的眼神演绎着最动感情的台词段落。这真是棒极了！我们欣喜若狂。但是拍摄开始后，所有段落必须压缩在120分钟之内的要求成为压倒一切的标准。如果我们的电影超过这个长度，就没有影院愿意接受，因为他们会少卖很多爆米花，还会减少其他片子的场次。所以当我们观看样片时，决定压缩这部片子的时长。我们不停地要求卢燕把台词念得快一点，我看这快把她逼疯了。王颖则用更加专业的词来表达，但是我们的底线是每件具体的事情都加快节奏，减少细节，尽量缩短时间。我相信卢燕一定在想，瞬间而来的改变，压抑的感情、细微之处还具有什么力量？然而她显示了一流专业演员的水平。用她“没人能把我当傻瓜”的方式做一点让步，保留一点坚持，简直不费吹灰之力。最终，她的表演是完美的。

“难以捉摸” 是我听到过的最讨人厌的形容中国女性的词，所以我不愿说卢燕是“难以捉摸”的。但是在她身上确实有些精心修饰的、藏而不露的东西。我记得她有一次谈起自己过去的一桩事情，但是又犹豫着没有讲下去。我猜想她的家史秘密一定是丰富多彩和引人入胜的，不然她从哪里获得这种对于家族历史的静默力量？她把这种力量赋予了《喜福会》里的母亲们，她们的秘密无法用语言表达出来，但她们仍然能够托出自己的秘密。我将望着卢燕的眼睛，深深地凝视，直到她向我坦诚心扉，展示灵魂深处的力量源泉。

# 卢燕女士与交大的情缘

翁史烈

酷暑八月，烈阳如火，思源湖畔却时有凉风习习。一群学生聚坐在湖心亭中，尽情欣赏湖光水色中的白云蓝天和图书馆、教学楼的美丽的倒影，一阵阵欢言笑语和一阵阵清凉缓解了炎热和学习给他们带来的疲劳。

湖心亭坐落在思源湖的小岛上，亭名“燕云”，亭柱上有孙家正先生撰写的对联：“卢里同欢影城享誉，燕云翩舞艺林增色！”亭内有铭：“卢燕女士，交通大学管理学院财务管理专业1945级校友，为感谢母校培育之恩，望莘莘学子早成栋梁，特捐资建造。”同学们也许知道亭子的来历，从而感受到母校的校友——学长们对学弟学妹们的深情厚谊。

卢燕女士与母校情丝绵绵、眷意笃深。近年来不仅在交大闵行校区思源湖畔留下寓意深邃的“燕云亭”，而且为了培养年轻学子增设“卢燕文化艺术奖学金”，还资助两位得奖的人文学院优秀女大学生去美国留学，让出自己在洛杉矶的居室给她们落脚，直到帮助她们完成学业，一个毕业于UCS新闻传播学院，一个毕业于UCLA电影艺术学院。每当回到母校，她总是乐意与学生们座谈、交流，说长叙短，一方面叙述自己年轻时代的大学生活，一方面鼓励今天的学子珍惜时光好好学习。在影视艺术学科建设上她没少花心思，积极帮助并指导媒体与设计学院的影视艺术系努力寻找突破方向。在学校的平台上，依托影视系创办了“美国电影研究中心”，她还亲自担任中心主任。为了开展学术研究特别是中美电影的比较研究，她将自己数十年来积累的原版美国影片资料几乎全部捐给“中心”，建起美国电影资料库，成为“中心”最珍贵的财富。在卢燕女士的积极推动和策划下，“美国电影研究中心”从2004年开始，每年由卢燕女士亲自主编“美国电影研究丛书”，已先后由北京大学出版社出版了首卷《隔洋观景：好莱坞镜像纵横》、第二卷《聚焦好莱坞：文化与市场对接》……在这些成果中，在字里行间，隐含着卢燕女士对母校事业的关心和支持。

“饮水思源，爱国荣校”—— 在这个古老校训的实践上，卢燕女士为我们做出了光辉的榜样，使我们在自己的岗位上为学校的发展、国家的繁荣兢兢业业，不敢稍有松懈！

# 与卢燕一起工作

罗杰·考尔曼

20 世纪 70 年代，功夫片在美国票房红火。女演员卢燕和肖恩兄弟，功夫片的最大制作商和发行商，建议我看一下他们当时刚拍竣的一部大投资影片《水浒传》。看完之后，我认为非常适合美国式的发行，但是需要做相当多的重新剪辑。

做出这种选择的原因是，《水浒传》这部电影，比起李小龙孤胆英雄复仇式的片子来，更加富有古典韵味。这里有更多的英雄，他们在更广阔的场景中打斗。

我和卢燕一起工作，翻译影片并去除繁杂的对话。卢燕对每个步骤都非常投入，从拍摄场景的设置，到重新剪辑增加英文对白、监督环形录音，她做了很多精细的工作以把影片成本缩减至最少。正是因为她的投入，使影片成为更加适合当时美国人口味的真正好片子。在我将影片的片名改为《七蛟龙》后，便开始大规模放映。该片的成功很大程度上应该归功于卢燕的创造性工作。

卢燕对待工作是那么敬业并且高效。数年后我在新加坡拍摄《圣人杰克》，又请她帮我一起完成，她依然干得那么出色。

# Lisa 表兄的回忆

陈鉴熙

亲爱的 Lisa：

元宵节晚接到你的电话，很是高兴。我也很乐意为你提供我的记忆中你年轻时候的生活情趣，现在又写了一些供你回忆。至于你邀请我赴美一游，我非常感谢，我向一些从西安赴美旅游过的朋友初步了解了一下，手续繁多，好多事希望与你亲自交流一下，特别希望你能到西安来一次。自你上次演《洋麻将》以来已有十七、八年，西安在改革开放声中已大大变了样。当时连像样一些的宾馆都没有，现在五星级的饭店如凯悦、喜来登等就有三家，三星级以上的就有四十多家。那时连超市也没有，现在已开有二十家；风景点增加了不少，大一些的有阿房宫，大唐芙蓉园等；大楼盖了百栋以上，市面也兴旺了不少。我诚意邀请你再来游览一次，如果你方便的话。我身体仍然过得去，虽然已近八十（你我一样），但我每日坚持练气功和太极拳，步履仍可以。我练的功使颈椎、腰椎都还灵活，所以还能骑自行车活络身腿。但到底年龄大了，骑车过半小时后就得休息一会儿，因为供血不足，气接不上。现在吃一种叫 FDP 的保健品，中文叫“福达平”，外文为 Fructose-1.6-Diphosphate，又叫二磷酸果糖，是意大利人发明的静脉注射针剂，现国内研制出针剂和口服胶囊，针剂约五千元人民币一支，只有少数人才用得起，胶囊价钱降低了很多，更普及了。它能将血糖转化为葡萄糖，能穿过细胞膜进入细胞，充分供氧供血，使半活动细胞恢复全功能，救活垂亡细胞，我服了半个月骑车就觉得供氧供血强多了。我想请你带两盒给我哥嫂试一试。洁贞也是有心脏病，脊椎也不好，她已服“蜂胶”保健品多日，情况有好转。翔宇在西安几大装饰公司做事，忙碌得很，媳妇没有工作，是因为带小孙子彤彤之故，现彤彤近六岁将上小学，她便可外出找工作。彤彤虽小，也认得五、六百字，从照片上认识你这位“姑奶奶”。因我上次给你寄往洛杉矶的信，不知何故被退回。如今赴交大开会，我托人转你此信。

祝你身体健康，阖家安乐，万事如意！

小表哥 鉴熙及全家 2006 年 3 月 29 日

我还记起儿时你母亲对我们小辈的慈爱，现在把它写下来供你回忆。

大约在我们八九岁的时候，一次你母亲带我们两人看京剧。我们坐到楼上看台，看的人很少，我也不懂京剧，一面坐着一面移着身子在空椅子上玩玩看看。我大约记得这出戏是一个叫庄子的人和他妻子发生的事情，戏中突然出现一个叫圆珠的女鬼从坟墓中出来，在戏台前兜了一圈又进去了，一面走还一面尖叫着。你母亲一看这情况可不好，问我们有没有被吓着，还拉着我的手把把脉搏，看看有没有被吓得心跳加快，还说早知有这种恐怖的场面就不带我们来看这个戏了。当她给我把脉时，我感到一股暖流流过我全身。不要说我本来看到鬼戏没有害怕，即使害怕也被这股暖流驱走了。之后她又买了两个圆面包给我们吃，我觉得当时玩得非常愉快。

大约在我念初中三年级的时候（约 1941 年春天），七哥在上海高中毕业要回广州去，我们就要离别了。你母亲特意安排了一次饯行，饯行的地方选在上海茂名路的锦江饭店。锦江饭店是当时有名的一流饭店，除了你母亲和你外，还有七哥、汉民哥和我参加。我记得当时大厅内几乎没有什么客人，选择了这么高级的地方为七哥饯行，可见当时你母亲对我们小辈慈爱有加。她叮嘱七哥以后要多多通信来往，以免挂念。

大约在1945年春天，你母亲到我家来，讲起要到上海联义山庄去扫墓。当时我牢牢记在心上。快到清明节时，我用英文打字机写了一封信给你，言及去山庄扫墓的事情。约一个星期后，你告知我们你母亲已然安排好，她向梅家借了一辆汽车，到我家来把我母亲、汉民哥、我及浩桑、浩诠（当时他二人还很小），一行共七个人坐着一辆汽车到联义山庄去扫墓，真有点浩浩荡荡的感觉。到了目的地，先到我们家的祖坟，其中葬有我的祖父祖母，我父亲和我亲生母亲；之后又到四号坟地，那里葬有你的父亲和我的大哥（起初还不知道大哥在哪号坟地，后来才找到），我们都悼念一番。这都说明了你母亲对亲人的慈爱之心。可惜的是，这些先人的安息之处，都被“文革”中的红卫兵所毁，我们只能从心灵中多多纪念他们。

除了上述的回忆之外，还记起你小时候的一些琐事，这些琐事说明你从小就有意志坚强，奋力上进，不甘落人之后的顽强作风。

你还记得阿媛表姐吗？阿媛表姐是我家乡的远亲，后来她家搬到我家对门。约在1935年，她的一个姑姑结婚，对方是复旦大学一位姓李的先生，婚礼选定在上海福州路一家西餐馆举办，我还记得在一个大方厅排列了一个方形的条形桌子，由阿媛表姐的父亲扶着新娘来举行仪式。礼毕客人就在条形桌边入座，但我们四个人，你、我、阿媛表姐和她的弟弟邓永福却被安排到隔壁一个房间的小方桌边坐下。大人们都是一人一份西餐，而我们四个小孩却只安排了数菜一汤的简单中餐。后来你生气了，说非要吃西餐，不吃中餐，桌上的中餐你不动筷，这样僵持了一会儿，我们三个人都不敢吭声。后来姓李的姑丈来了，再三劝说，你还是不肯迁就。后来他表示屈服，这次安排好了不便更动，下次一定补上，再三道歉，你才同意进餐。以后实在也没有补上。这说明你当时有一股刚强的脾气，不达目的不罢休。当时我们大约只有 9 岁。

大约在 1946 年，你我都已高中毕业了。你临时找了一份工作，做大光明电影院的“译意风广播员”（Earphone Announcer）。所有电影院的座椅上都有耳机插座，谁要是听不懂美国好莱坞原版片的英语，都可以付些钱租一副耳机戴着，就可以听到北京话的对白。我记得一次我找你看电影，是一场空中战争的美国片，你给我一张优惠票和一副耳机。当时好像是晚上 11 点钟的电影，看完电影我拟送你回家（住马斯南路），好得梅葆琛来接你，我也放心了。你当时还有些生气，原因是主管译意风人员安排你的时间多数在末场，你很不满意，我也没有办法来劝你。

也是在 1946 年，你母亲在天蟾舞台安排了两个下午的京剧演出。你给了我一张票，并告知我这是一场义演，你母亲导演，她的年轻学生们参加演出，所得收入归你母亲。因为你们当时没有其他收入，这是一个很好的主意。我上门来看你演出。你在《西厢记》里扮演红娘，我对京剧不懂，只觉得你艺术水平很高，这和你母亲的亲自传授是分不开的。

你考上了交通大学，你母亲特来告知，并安排你住校，好多人都来送你入宿舍，我也非常高兴来送你。你宿舍住两个人，另一位是念财经的，和你不是一个系。你从此走上了独立的道路。这是你奋力上进的结果，这激发了我的情绪。我之后也考入了同济大学电机系，为了维持学业，我四年里做满家庭教师，此中的辛劳也可想而知。

# 善为寿相

濮存昕

卢燕阿姨是传奇女子，这是很多人对她的赞叹。看她的仪表，雪白的秀发，短短的，是运动员式的发型，蛾眉凤眼，五官透出贵气，永远上翘的嘴角总在笑，让人感到温暖。她的年龄是令人心生敬意的，一个世纪快要跨过去了，可她挺拔的腰背、匀称的身材、穿着得体讲究而又落落大方，特别是古稀之年，独自一人还四处奔忙、演出不断，大洋两岸来回打“飞的”，乐此不疲，我等晚辈一想就觉得吃不消。可卢燕阿姨总会奇迹般的隔不多久又出现我面前，每每用美丽的凤眼、亲切的笑嘴抚摸我的心情，用永远都和风细雨般的音调问候、夸奖、鼓励着我，和她交往过的一定有同感。

卢燕阿姨同我们北京人艺是老朋友，我第一次知道她是20世纪80年代，剧院上演由他翻译的美国剧本《洋麻将》。此剧曾获美国戏剧最高奖普利策奖，她及时地在中国改革开放初期，把这出戏介绍给中国观众，为中美文化交流做了先行者，贡献是巨大的。这也是第一次上演美国当代题材的作品，剧院请了最棒的演员于是之、朱琳出演。由于是两个人从头演到尾，且西方的小剧场话剧刚在中国舞台上起步，所以《洋麻将》最初被安排在小剧场演，谁想首演后轰动空前，不得不移至大剧场，缓解了票房吃紧。当年中国剧协为此剧组织全国话剧界观摩，开研讨会。我那时还没进北京人艺，回想当时真是怀着无比崇拜的心情观看的。时隔三十年，我和龚丽君在青年导演唐士华组织下，向前辈学演复排《洋麻将》。卢燕阿姨特从美国赶来北京，在排练场看我们排练，她一定也怀着看看小辈人怎么演她呕心沥血翻译的剧本。看完后，我们欣喜得到她的肯定和鼓励，她还为我们介绍了此剧在美国演出的情况，我们从她那儿获得了信心。她与我们相约首演第一轮最末一场来看。果然首演最后一场演出她来了，散戏后我们没卸妆，等着她来，因为一定要以角色的形象与她合影。那天是北京初冬最冷的一天，她穿着很厚的大衣，远远地先看到雪白的短发，快步地向我们走来。她很激动，与我们拥抱，夸赞我们把戏演得很好，并充分肯定了我们有自我、有新的创造。翻译家的认可，是最重要的评价。她说有点累了，第二天一早要飞上海，我们合影后，在她的再次祝贺中道别。我看着她的背影想，她对艺术有炽热的爱，艺术的真善美滋养了她的人生，所以她永远年轻。真的，她的心灵比一些年轻人还年轻。

还记得大约是 2005 — 2006 年，我在外地接到卢燕阿姨电话，她临时住在人艺对面的韩美林老师家，希望我能在人艺找个排练的地儿，并要一面大镜子。原来她要与梅葆玖老师一起在长安大戏院演出。正好三楼大排演厅空着，正好也有一面很古董的大镜子。艺术处的安排令她满意。听说她每天按时来练功，常一个人面对镜子一遍遍地练，为了节省，只开一排顶灯。我能想象到那么大的一个排练厅，暗暗的灯光下，一位八十岁的老人在一个动作一个动作地同年龄挑战，对艺术、对真善美进行着虔诚的顶礼膜拜。后来又听说，由于没有帮手，演出那天到了剧场，有一件行头没带，又返回去取，遇到了堵车，嗓子一下子急哑了，可能那天的演出并不是很成功，但更令人敬重。我抄了一句词献给卢燕阿姨："善为寿相，德乃福根。"

俗话说，"善目见菩萨"。天天能见到菩萨，并能把别人也视作菩萨的人，其实她自己便是有如菩萨。行儿中有另一句话："戏比天大"，对天地、人、艺术几十年如一日地充满挚爱的人，怎能不长寿，怎能没有福气呢？再为卢燕阿姨的艺术人生喝彩。

# 梦里不知身是客

曹可凡

二十多年前，曾有幸陪伴程十发先生往澳门举办画展。李翰祥导演携夫人张翠英女士不辞辛劳，专程渡海前来与程公一聚。那晚，在一家日本餐厅，酒过三巡，菜过五味，李导演谈兴渐浓。因《火烧圆明园》和《垂帘听政》海报为十发先生所绘，话题自然转到“慈禧”身上。依程公所见，刘晓庆所饰慈禧固然将其阴鸷凶悍，蛮横专权刻画得淋漓尽致，但也失之于“脸谱化”，表演太过张牙舞爪。身为影片导演，李翰祥毫无护短之意，反倒坦言，论分寸拿捏，卢燕女士于《倾国倾城》所扮慈禧，无人能出其右。《倾国倾城》当时属“内部观摩”，彼时大陆民众正处精神饥渴期，一部花样别出的“清宫戏”自然看得受众如痴如醉，特别是“卢燕版”慈禧时而凶相毕露，时而柔情绵绵，嗔怒与娇媚之间转换恰到好处，以至于一部“内参”片竟引来清史专家朱家溍先生的“公开”评论。朱先生在文章中指摘影片细节有悖于历史史实，但不得不承认“卢燕版”慈禧“扮演得很有气派，貌美而老练，正是西太后这个角色应具备的形象；以西太后六十岁左右的照片来看绝不能给人以美感，不过她年轻时曾经美过，既然是拍摄彩色故事片，当然需要卢燕这种形象，美丽而生动。过去的电影或话剧演这个角色，总是老丑一派。”朱老还与梅兰芳夫人福芝芳打趣道：“影片是闹着玩的，您的干女儿演得好！”卢燕的慈禧能获清史专家首肯，实属难得。

无独有偶，说起卢燕表演，白先勇先生亦赞不绝口。因为，卢燕将白先勇笔下的钱夫人蓝田玉演绎得惟妙惟肖。我曾得观华文漪版的《游园惊梦》，却无缘《游》剧台北版。但白老师讲：“华文漪江南本色，杏花春雨，自有一番婉约幽独，而卢燕雍容华贵，演技更趋炉火纯青，有希腊悲剧的兴衰感和历史感。”很多年后，偶然一睹台北版《游园惊梦》录像片段，便猛然想起白先勇的那番评论。钱夫人这个人物，按余秋雨话说，“不仅是验证历史沧桑的一个人，更是历史沧桑的自觉者和思考者。这种自觉和思考，既是白先勇自己的，又是他要求于观众。”就是面对这样一个内心纠结复杂的人物，卢燕老师居然用洗练的表演手法，将其微妙的心理状态、感受和回忆，像剥洋葱般，在观众面前一层层剥开。白先勇最欣赏其中“宴会”一场戏，“那时，舞台上所有人都站在那里，只有蓝田玉一个人，背对观众，冷冷清清，从头至尾没有一句台词，但那背影却说尽了钱夫人所有的辛酸和委屈，正所谓‘不著一字，尽得风流’。”

初识卢燕老师，可追溯至1992年。当时，卢阿姨正在上海演出由其翻译的话剧《普莱飒大饭店》，而我恰巧正在做一档有关京剧女老生的《戏剧大舞台》专辑。因卢阿姨母亲乃一代坤伶，她本人自然家学渊源。于是，便辗转委托程之先生代为寻问，不知卢阿姨是否有兴趣“票”一段“老生”戏。不想，卢阿姨听后满心欢喜，并主动提出唱《秦琼卖马》中那段“店主东带过了黄骠马”，唯一的要求是琴师必须程之担任。为了不影响话剧演出，那天录像地点就选在“人艺”排练厅。当卢阿姨穿上行头，带好髯口，脚著高靴，一股英武飘逸之气扑面而来。卢阿姨高音虽算不得敞亮，但中低音宽厚纯正，甘醇清冽，没有丝毫杂音，听来字正腔圆，摇曳生姿，将秦琼英雄末路，凄凉无奈的心境表现得千回百转，余音绕梁；而程之的演奏亦丝丝入扣，烘云托月，彼此相得益彰。后来，我主持戏曲真人秀《非常有戏》，她又化身老将黄忠，铿锵有力地唱起了《定军山》。那时的她已是耄耋之年，白发如雪，满口京腔京韵，充满传统风采。影后的光环虽然早已沉淀，留下的却是她身上独有的东方魅力。自此以后，卢阿姨和我便结下忘年之交。

卢燕阿姨漂泊海外愈半世纪，但每每听到那动人心魄的“西皮”“二黄”，不免有“梦里不知身是客”之感，平日里也只有“皮黄”旋律在耳畔低吟，方得“一晌贪欢”，浓浓的氍毹之情一直萦绕脑际。2010 年我策划《阿拉全是上海人》系列访谈，邀请卢阿姨前来做客。她原计划要去参加“金球奖”颁奖礼，可是，一听说能和梅葆玖先生唱《太真外传》，便不由分说地径直来到了上海，俩人还共同回忆与梅先生在上海度过的难忘时光：“寄爹和香妈将我视如己出。每天晚上，我和葆玖做书童，帮着磨墨，抻纸。寄爹则带上眼镜，在汽灯下，屏气凝神，悉心描摹，画观音，画达摩，画天女，工工整整，一笔不苟。画画之余，寄爹也不忘帮我说戏。《二本虹霓关》就是这样学会的。”卢阿姨说。葆玖先生在一旁补充，卢燕十岁那年演这出戏，排场可不少，魏莲芳和高维廉分饰东方氏和王伯党，琴师是王幼卿。但梅先生看完认为“祖师爷不赏饭”，卢燕从此打消唱戏的念头。不过，梅葆玥的老生戏倒是由卢燕母亲开蒙，难怪说起卢燕，葆玥老师生前常念叨：“我俩感情远胜过亲姐妹”。所以，当卢阿姨与葆玖先生相互搀扶着走上舞台，唱起《太真外传》时，仿佛看到梅兰芳夫妇款款走来，尤其是卢阿姨那优雅的仪态，婉转的音调，一派梅家风范。

记得电影《梅兰芳》在上海拍摄时，卢阿姨和我结伴前去剧组探班。那晚拍的正是梅先生（黎明）与夫人（陈红）话别一场戏。卢燕阿姨与凯歌导演并排坐在监视器前，目不转睛盯着那小小的屏幕，生怕漏掉丁点细节。子夜时分，寒气逼人，凯歌导演体贴地给卢阿姨披上一件外衣，她却没有察觉，完全沉浸在回忆中。我知道，卢阿姨就像她演过的《喜福会》里那位母亲，虽旅居海外数年，早已习惯用英语交流，接受西方思维方式，但内心却被东方文化丝丝缕缕缠绕着，骨血里依然埋藏着纯粹中国人的基因，而“皮黄”恰恰是支撑她生命的精神载体。

早在十年前，黄宗江先生尝试与卢燕阿姨构思一部新戏《艺人》，作品描写一对经历了磨难的京剧艺人，在一次演出结束后，饰演老丑角的男演员坐在后台衣箱上坐化了，他的恋人在观众席上也坐化了。宗江先生渴望写成那个剧本，并出演那个老丑角，恋人一角自然非卢阿姨莫属。可惜，天不遂人愿，《艺人》一剧终未能写成，宗江老人带着遗憾羽化登仙。但卢燕阿姨却以望九高龄，奇迹般地站在了《如梦之梦》的舞台上，一句“我是谁？我是顾香兰！怎么样都要坚强地活下去。”令无数观众为之动容。

卢阿姨年轻时因迷恋演戏，被“一代天后”李丽华冠以“小迷糊”雅号。年近九旬的他如今却仍执着于舞台，痴心不改，故常以“老迷糊”自嘲。“舞台是我的故乡！我要把握每一分钟，很充实地在我这有生之年，点缀我美丽的故乡！”她说。

卢燕阿姨自传付梓在即，嘱我写上几句，吾等晚辈后生战战兢兢，如履薄冰，勉强连缀数语，聊表寸心，并遥祝老人家九秩寿辰，愿她仍如春燕一般，“年去年来来去忙”，继续她梦幻般的缪斯之旅！

# 我的“女神”
## ——记我眼中的卢燕老师

史依弘

我一直认为，人与人的相识是一种缘分。我与卢燕老师相识在上海。那天，我刚刚结束《杨门女将》的演出，在后台休息。“卢燕老师来了！”听到大家的呼声，我甚为惊喜。时常从媒体中听到、看到关于卢老师的报道，没想到这位传说中的人物今晚专程来后台。她一头银发，举手投足间充满优雅与活力。“简直是个亭亭玉立的老太太”—— 我心想。卢燕老师拉着我的手，对我的演出大加赞赏：“依弘，你今后的演出别忘了告诉我，我一定还会来看的。”

就这样，卢燕老师成了我亦师亦友的忘年交。她每次来上海都会看我的戏，还不时邀约三五好友小聚，大家聊天、聊戏，热闹非凡。我师从梅派传人卢文勤先生，作为年轻后辈，一直对梅兰芳先生的生平轶事倍感好奇。卢燕老师是梅先生的义女，曾在梅家度过近十个春秋。她举手投足间颇具梅派风范——为人爽朗谦逊、重情重义，待人接物从来一视同仁、事必躬亲，在表演和创作上始终一丝不苟、追求完美，这正如梅兰芳先生不朽的人格魅力。从她那里我听到了许多关于梅先生的故事，作为梅派弟子，如沐师泽，激动不已。

卢燕老师最令人钦佩的性格特质便是她始终虚怀若谷，低调而谦和。卢燕这个名字在华人电影圈和好莱坞电影圈都有着举足轻重的坐标意义，可她自己却不以为意。目睹当下艺术圈太多虚妄的追名逐利，我为卢燕老师的淡泊深感震撼，她仿佛明灯，在探索与奋进的艺术之路上，为年轻人指引方向。此外，她独立果敢的学习能力和行动力也让人赞叹不已。虽然年届九十，她仍只身辗转于大洋两岸，神采奕奕。她乐于接受新鲜事物，玩转微信、微博等新媒体，我这个后辈都自叹弗如。

然而，卢燕老师又绝不是一位简单的老太太，从某种意义上看，她堪称一位“女神”。与年轻人在一起时，她从来不曾令人感到“代沟”的存在。每逢她来上海，我们邀约三五好友茶室小聚，她和后辈们一起畅谈甚欢，即使时至深夜还保持旺盛精力，像所有充满活力的年轻人一样，这着实令人赞叹。另一方面，卢燕老师的思想和洞察力也称得上遥遥领先。这很大程度上与她跨越东西方文化的学习与成长背景有关：卢燕老师有一份十分丰富的人生履历，在我看来正是典型“文武全才”“文理全才”式的女子，放在今天，用“学霸”这样的称呼也不为过。她在上海交大时攻读财务专业，培养了扎实的数学和逻辑思维能力，在美国专业戏剧学校的求学历程进一步开拓发掘了她继承自母亲的表演天赋。她完美地体现出一个全面的艺术家所应具有的两种素质：聪明的头脑和敏锐的心灵。这种理性与感性的充分融合，铸造出卢燕老师独具一格的表演风格。对待传承和发扬中国传统文化与古典艺术这个时代命题，她是一位具有全球眼光和前瞻意识的文化使者，以推广中国戏剧戏曲艺术为己任。她对我主演的京剧版《巴黎圣母院》以及《白蛇传》赞赏有加，并且一直打算把这两部作品搬上百老汇舞台，让梅派艺术在海外发扬光大。她的“海推”策略极具先进意识，将这两部作品以英文对白、中式唱词予以表现，融贯中西语言。此番热情正是源自她对戏曲艺术的热爱和憧憬。我曾看过卢燕老师京剧表演的影像资料和剧照，热切盼望有机会能够与她同台。共同演出《德龄与慈禧》，我们二人分饰德龄公主和慈禧太后，或者一起录唱片，这曾是我们二人共同的心愿，盼望能够早日实现。

卢燕老师经历的风风雨雨、苦辣甘甜足够传奇，我为有她这样一位美丽优雅、智慧超凡的良师益友感到自豪和欣慰。她的谦逊温婉与和蔼可亲令人倾慕不已，她由内而外透射出的善与美也感染身边每一个人。随着岁月沉淀、韶华流逝，青春固然远去，但是作为一个优雅女性的气质与风采则长存。成为一位如卢燕老师一般的老太太，如美酒般甘洌，温暖每一个人的心田，作为一个女性，人生当如是。

# 永远的卢燕

何冀平

我认识卢燕女士是在香港，杨士彭博士要排演我的话剧《德龄与慈禧》，特邀卢燕出演慈禧。卢燕远从美国而来，到埠已是夜晚，何伟龙先生从机场接了她，要陪她吃晚饭，知道她在香港朋友很多，问她想邀上什么朋友，她第一个要邀的竟是我这个《德龄与慈禧》剧本的编剧，那时候我们还不认识。

我们在尖沙咀的泸江饭店见面，她第一句话说的是："您的剧本写得真好。"她优雅从容，高挑的身量，瓜子脸，话语轻慢柔顺，什么戾气在她这儿都能化解为轻云。最令人惊奇的是，时间仿佛不在她身上留痕，无论什么时候见她，她都那么美。我曾想，时下尚且如此，年轻时岂不美若天仙？可我发现，她是越年长越美。常言说，年少美在脸上，年老美在心里，她内在的慧美、修为化作了神韵，洋溢在周身。看见她才知什么叫大家闺秀，才淑貌美。她的衣着永远得体，大方脱俗，她也着大红大绿，那些色彩到了她身上立即化腐朽为神奇。

她一生饰演过无数角色，几乎遍及所有门类，电影、话剧、电视剧，戏曲……最是被人称道的是她饰演的慈禧。她共演过四个慈禧，天生一股帝王气，那种气派，尊贵，不怒而威，又带着女人的淡淡哀怨，真不做他人想。她说，《德龄与慈禧》中的慈禧，是她最喜欢的一个。这也是我笔下的人物中，我认为演绎得最好的一位。

她对艺术，就像她对人一样，真挚诚恳，圈中有口皆碑，赢得所有人的尊敬。

我们成了忘年交，我叫她卢燕姨，她叫我冀平，对我的称谓永远是"您"。我到美国去，她热情地接待我，她来香港，我也一定去见她。

她性情平和，从不与人争执，屈己从人。演艺界这条船，风波浪里，能做得如此优雅的，我认识的只有她一个。

我们远隔万里，见面的机会不多，前不久，在北京韩美林先生家中又见面。她才下飞机，穿着海棠色的中式上身，映得脸庞粉红，丝毫没有时差的疲惫。吃过饭，小阿姨摆上水果，是多汁的北京雪梨。小阿姨要她也吃一块，她不肯，轻轻地说：“我不和冀平分梨（离）”。

卢阿姨，谢谢你的看重，我们永不分离。

# 似曾相识燕归来

胡晓秋

久居皖中的我，可谓孤陋寡闻，第一次听到卢燕（Lisa Lu）的名字，还是1984年在北京。那是一个盛夏的傍晚，黄宗江在寓所设家宴，邀约了刘琼、石方禹、吴贻弓和我做客。主人拿出了荷兰著名导演伊文思刚刚送他的一瓶法国白兰地酒来招待，加上冰块，畅饮欢叙。席间话题广泛，黄宗江谈到美国，引出了卢燕女士，作了很高的评价，给我留下了深刻的印象。

在获得九项奥斯卡奖的电影《末代皇帝》中，我第一次欣赏到她表演的慈禧之死。

1988年8月27日，她应著名导演谢晋之邀，从美国洛杉矶飞抵上海，参加根据台湾著名作家白先勇小说《谪仙记》改编的电影《最后的贵族》的拍摄。

她在拍片空隙，兴致勃勃偕同丈夫黄锡琳先生，于9月17日从杭州赶到向往已久的黄山访问游览。在他们动身之前，谢晋从上海打来电话，委托我去黄山陪伴他们，我欣然从命。

9月17日下午六时许，晚霞已消尽，暮霭降临时，卢燕夫妇在上影张小薇的陪同下，驱车赶到了黄山云谷山庄。卢燕在暮色中下车，她至少一米七的个头儿，修长的身材，着一件齐膝的云南蜡染花布外套，蓝白相间，显得典雅、潇洒；她那自然、松散的头发，清丽、飘逸；朦胧中，我隐约看见她一双亲切的明眸和俊俏的面庞，我顿时有点惊讶，她怎么显得这样年轻。她那极富韵致的体态和神情，当时给我的印象，简直是一位四十多岁的女士。黄锡琳先生虽年近古稀，却也精神矍铄，他斯文儒雅，性格温和，外交家和学者风度兼而有之。

## 北京 — 上海 — 夏威夷

卢燕女士祖籍广东中山县，出生在北京，成长在上海。她父亲卢家驎， 酷爱戏剧艺术，1925 年在北京，同当时著名的京剧坤伶须生泰斗李桂芬结婚，后生下独女卢燕。李桂芬系坤伶中之佼佼者，她艺卓不群，德艺兼优。抗战期间，李桂芬母女来到上海，寄居在梅兰芳先生家中，卢燕拜梅兰芳夫妇为义父母。李桂芬的艺术才华，深得艺术大师梅兰芳的赏识和敬佩，遂被延聘为西席，是其女儿梅葆玥的启蒙老师。

卢燕在上海度过了她的少女时期，曾在上海圣约翰大学、上海交通大学财务管理系学习；是年，又去美国深造，在夏威夷期间，她还当过记者、广播员、中文教师及会计师。

## 振翅飞入好莱坞

1956 年卢燕举家迁到加利福尼亚州，初居蒙特里，执教于国防语言学院。但她矢志不移地仍想当演员，并以顽强的毅力，鼓足勇气，去洛杉矶考取了著名的帕萨迪纳戏剧学院。这个学院的院长狄莫・格拉姆，曾培养过很多优秀演员，如多次获奥斯卡金像奖的霍夫曼，就是高卢燕半个班的同学。经过专业培养深造后的卢燕，1958 年毕业演出的第一个舞台剧是日本的名剧《八月茶室》，她扮演的日本艺妓，风姿绰约，亭亭玉立，崭露了头角。于是，院长不无自豪地把好莱坞的导演和演员都请来看戏，宣布帕萨迪纳又出了一位技压群芳的新人 —— 中国女演员卢燕。这只雏燕从此勇敢地振起双翅，飞入了世界上最著名的“电影王国” —— 好莱坞。她从影的第一部片子，就是美国电影《飞虎娇娃》，卢燕在剧中扮演酒吧女郎。此后，她又在沙里·邓波儿的童话电视连续剧中，主演《夜莺曲》的主人公。她杰出的演技，一鸣惊人，在美国的《银幕季刊》上，被评为第三名新进优秀演员。

1960年，好莱坞哥伦比亚公司拍摄电影《山路》，导演曾在美国和中国香港等许多地方挑选女主角，最后还是选定了卢燕，由她和美国著名影星詹姆斯·史都华联合主演。从此，她声名大作，星光闪耀。她高超精湛的演技，赢得了各大报纸和杂志的好评，赞扬她的表演从容、自然、生动、可爱、大方，使美国观众耳目一新，改变了他们对中国女性的陈旧偏见。她被认为是继华裔明星黄柳霜之后，美国好莱坞又一位最著名的华裔明星。

三十年间，她先后拍摄了二百多部电影，曾和美国著名影星费雯·丽和马龙·白兰度等合作拍片。马龙·白兰度在和卢燕合演《独眼龙》之后，称赞卢燕的表演自然、纯真。卢燕作为一个中国人，在精英荟萃的好莱坞用英语演戏，可想而知，其难度是很大的。但她凭自己的才华和刻苦，终于获得了成功。她所塑造的一系列不同民族、性格迥异的角色，无不多姿多彩，丰满生动。

## 从洛杉矶再走向东方

1970年，卢燕开始到亚洲拍片，她在影片《董夫人》中担任女主角。唐书璇是位在美国学电影的女导演，一心想拍一部艺术电影，以摆脱美国纯商业电影的一些套路，于是选择了一个寡妇守节的题材，来反映明朝妇女在贞节牌坊压抑下所产生的灵与欲的冲突以及人与环境的对抗。这是一部以黑白标准银幕拍摄的电影，导演以极其朴素而平淡的手法叙述故事，其配乐则从头至尾仅以一把琵琶独奏，低婉、哀怨，如泣如诉。唐书璇的这一大胆尝试，获得了空前好评，夺得台湾多项金马奖，卢燕荣获金马奖最佳女主角。

1972 年，卢燕参加了邵氏公司拍摄的电影《十四女英豪》，扮演佘太君，又获金马奖最佳女配角奖。

1973 年，香港著名导演李翰祥特邀卢燕主演影片《倾国倾城》，饰演慈禧太后，她再次获得金马奖最佳女主角奖。

卢燕在港台地区拍片三年，是金马奖的三连冠获得者。她还在电影《瀛台泣血》中，以慈禧太后的角色而荣获亚洲电影奖。

后来，她又参加了电影《大班》和《末代皇帝》的演出。十分有趣的是，当意大利著名导演贝托鲁奇，在第一届东京国际电影节上遇见卢燕时，便邀请她出演《末代皇帝》中的德龄，但等到剧本完稿后，“德龄公主”这一人物没有了。卢燕则对贝托鲁奇表示，愿意演该片中的慈禧。而导演觉得，临终前八十五岁的慈禧太后，选一位老年演员来演更合适，此事也就没有达成协议。不料，一年以后，贝托鲁奇又巧遇卢燕，导演告诉她，还没有找到演慈禧的合适演员。卢燕十分严肃地说：“你需要找的是一位好演员，而不是一个老太太！”一句话，使贝托鲁奇茅塞顿开，给予卢燕试镜机会，试镜之后觉得非常合适，当场拍板。

在那两年里，她还拍过电视剧《哈利的香港》《贵族院》《海猎》等。曾和自己的女儿黄汉琪合演文艺短片《金莲》，广受观众赞赏。

谈起大女儿黄汉琪，卢燕不无得意地说：“过去在公开场合，人们介绍我们时，都突出我称她是卢燕的女儿。可现在人们反过来突出她了：称我为黄汉琪的妈妈了。”

汉琪因创作影片《龙年》的主题曲、《金莲》的配乐以及为在百老汇引起轰动的《蝴蝶君》伴乐，已跻身为国际著名作曲家。

## 多才多艺显奇能

卢燕女士从艺三十年而饮誉国际，充分显示了她卓越的才华和丰富的艺术素养。她除了拍电影、电视以外，还经常演出话剧，如在《八月茶室》《花鼓歌》《苏丝黄的世界》，以及白先勇的《游园惊梦》等剧中，都担任主角。

《游园惊梦》中女主角钱夫人的戏，不仅难度大，而且分量也特重。她要求演员必须精通昆曲，气度又得雍容华贵。该剧在台北首演时，白先勇幸运地请到了卢燕来扮演钱夫人。白先勇先生在评价台北和大陆演出《游园惊梦》的特色和风格时指出：台北版卢燕雍容华贵，演技炉火纯青，自不在话下。但华文漪江南本色，杏花烟雨，更有一番婉约幽独。台湾版的《游》剧精致、深沉，趋向静态表演，而大陆版则流畅、多变化，富有动感，整体设计比较切题。这两个版本的确风格迥异，但演到最后，却都给人一种曲终人散的苍凉。

众所周知，中国京剧雄踞着我国戏曲的首席宝座，是中华民族灿烂文化的瑰宝之一。正是这个第一大剧种，在中国戏剧史上产生过梅兰芳戏剧体系，其影响深远，驰名世界，在国际上形成与俄国的斯坦尼斯拉夫斯基体系、布莱希特体系三足鼎立的局面。

卢燕自幼生活在京剧世家，酷爱京剧，无论在上海还是在美国求学期间，经常和同学们粉墨登场“玩票”，久而久之，练就了自己扎实的功底和良好的艺术素养。她正式公演过《拾玉镯》《奇双会》《牡丹亭》《金玉奴》《汾河湾》及《桃花村》

（即《花田八错》）等剧。1978 年，在香港亚洲艺术节上，她演出了全本《金玉奴》；1985 年又在香港大会堂演出了粤剧《小狐狸》，主演瑞吉娜一角，演得惟妙惟肖，深得好评。

## 中美艺术交流“大使”

十一届三中全会以后，卢燕女士开始热心从事中美文化艺术的交流，为中美两国人民之间架起了一座友谊之桥。1979 年，她回到阔别了三十二载的中国；1983 年，她第一次进入西藏访问，为了拍摄纪录片，不畏艰苦，在青藏高原跋涉攀登，做实地考察调研。1984 年，她组织“卢燕影视公司”，亲自率领国际摄影队拍摄《西藏》纪录片。1985 年她第三次进藏，历时三个月，行程达万里，终于完成了充满西藏风情和浓郁民族色彩、长达一百多小时素材的录影，被分成七集，由其女儿、美国著名作曲家黄汉琪作曲配乐。该片于 1985 年在日本播放，1986 年在香港电视台播出，受到了广大观众和论坛的好评。另外，她拍摄的《古格王国之幻灭》和《小木屋》，在纽约国际电影节上，获得了铜奖。

台湾著名作家白先勇在看了在美国举行的《谢晋电影回顾展》以后，心潮起伏，很不平静。他立即主动通过卢燕向谢晋转达他欲与谢接触的愿望，于是这两位著名艺术家于 1985 年春天在美国洛杉矶会面了，两人一见如故。1987 年 4 月，白先勇先生应邀到上海复旦大学讲学。

卢燕女士在美国，还曾将戏剧《拾玉镯》《打渔杀家》《武家坡》《蝴蝶梦》等翻译成英文，将剧中的表演动作、京剧服装、化妆及脸谱等详细介绍给美国及欧洲读者看。她的这些翻译著作，都于1980年在美国出版发行。卢燕女士还主动为北京人民艺术剧院，将美国剧作家柯培恩的成名作《洋麻将》译成中文，由于是之和朱琳两位艺术家主演，大获成功。

卢燕女士不仅仅是位多才多艺的演员，而且也是一位知识渊博的学者，是美籍华人中杰出的人才。她还曾受《美国之音》之邀，担任“卢燕漫谈”这一专题的编导与主持。这是《美国之音》中唯一的个人专题节目。该节目每逢星期天黄金时间播出，并于当天夜间九时再次重播。其播放内容以文化、艺术为主，对电影、电视、戏剧、音乐、舞蹈、小说、美术、书法、绘画等广为涉猎；同时也介绍美籍华人在美国事业上的成就和个人事迹，评价好莱坞影视名人的动向；有专访，有特写，也有幕后花絮，很受广大听众的欢迎。

## 奥斯卡评委中唯一的华人

卢燕女士在美国好莱坞从影三十年，成就卓著，星光闪耀。美国奥斯卡金像奖是世界最具影响力的奖项，那尊34厘米高的镀金塑像——强壮的男性手持一柄宝剑，剑端插入一只电影胶片盒中，盒上有五个孔即代表电影的五个主要部门。这座金像在当代具有非凡的魅力，自70年代开始，每年的颁奖仪式，都会向全世界做实况转播。当前，在全球各国举办的形形色色的电影奖项之中，数奥斯卡金像奖的历史最久，规模最大，声誉最高，可称得上是国际影坛第一大奖。

博览古今、融贯中西的卢燕女士，是最早担任奥斯卡金像奖评审委员的华人，也是美国电影艺术与科学学院的会员。

# 阅尽繁华 愈久弥香

梅葆玖

卢燕，电影界、话剧界、京剧界、昆曲界都赫赫大名。

我们梅家兄弟姐妹都亲昵地称她卢姐，可能她从小在我们家里就显得很干练，打小英语就好，对答如流，在交通大学念的又是财务管理，还能和我们一起参加演出，真奇才也！

1931 年，三哥葆琪不幸患白喉去世。三哥长得特别像父亲，从小父亲就带着他练功，他的早逝令父母很悲痛。再加上当年日寇侵略，内忧外患，父亲决定全家搬离北京无量大人胡同（今红星胡同）“缀玉轩”，南迁上海。十二月份搬入了原湖南省主席程潜先生的马斯南路私宅，程潜先生说“很愿意借给梅兰芳住，做个好邻居”。我们家住弄堂底最后一幢 87 号，程潜住 85 号，弄堂口第一幢是“周（恩来）公馆”。新中国成立后，父亲参加了工作，全家又回京，住在国家分配的房子，就是现今的“梅兰芳纪念馆”。全家最后离开上海的是我的姥姥（我们和卢姐都用满语尊称她“鞑鞑”），先后长达二十六年之久。在这里，梅兰芳排演了爱国名剧《抗金兵》《生死恨》；在这里，梅兰芳戏曲表演形成了体系，获得了国际认同；在这里，梅兰芳做出了“蓄须明志”的壮举；在这里，梅兰芳青年时期所追求的提高京剧社会声誉的理想得到了体现。在上海居住的岁月，可谓是梅兰芳人生最精彩、最有意义的一段时期。而这段时期，也是卢燕母女在我们家一起共渡苦难长达九年的难忘时期。

卢姐姐出身世家，受过良好教育。母亲卢妈妈李桂芬，和我母亲福芝芳是少年伙伴。1944 年我家的户口簿里她的名字是卢李冬真。少时，她和我母亲常演的“对儿戏”有《桑园会》《武家坡》《三娘教子》等。我母亲十六岁嫁给我父亲，离开舞台最后一次演出的戏码，我母亲是《祭塔》、卢妈妈是《文昭关》，这是老话了。

卢家也是1931年从北京南迁上海的，原来就住在离我家不远的辣斐德路（今复兴中路）辣斐坊（今复兴坊）。1939年卢姐父亲去世，我妈念金兰之情，邀请她们母女来我家一起生活，她们带着女佣一起搬到了马斯南路我家，那年我六岁，快上小学了。卢姐长我八岁，玉立婷婷，穿一件当时女学生常穿的紫色的大腰身夹旗袍，梳两根小辫子，朴素雅典，很善相。

我七姐葆玥喜欢老生，我妈就请卢妈妈为她开蒙，教授了近廿出谭派、汪派的代表作，我姐生前最后演出的还是当年卢妈妈在马斯南路给说的《辕门斩子》，可以说我姐葆玥受用终生。

1947年1月5日李世芳师哥（小梅兰芳）从上海乘飞机回北京，途径青岛时飞机失事罹难，组织了六场义演，十五岁的我首次和葆玥姐合演《四郎探母》，言姐姐（慧珠）演萧太后。演毕，我父母，卢妈妈和我的开蒙老师王幼卿都上台，一起合影，距今也有68年了。此照现存在“梅兰芳纪念馆”。记得当天父亲帮我扮戏，卢姐也在后台陪着我，还轻轻地叮嘱我：“沉住气，卯上！”2012年，七十八岁的我和八十六的卢姐，在上海同台演唱《太真外传》。她提起六十多年前的场景，我们都沉浸在对过往故人的深切怀念之中，这是一种中国传统文化和道德的力量，心情难以言表。

为了写《从梅兰芳到梅葆玖》和《梅葆玖传》，我和两本书的作者吴迎先生重游“思南路87号”旧居，在三楼我父母房门口的过道上，回忆起当年我父亲教卢姐《二本虹霓关》的情景。我父亲说戏，卢姐认真倾听，我也在侧。往事如烟，历历在目。

我父亲想要看看我能不能吃这碗唱戏的饭，在我十岁生日那天，安排我登台，演《三娘教子》的薛倚哥。孙养侬（余派专家，余叔岩的挚友）太太胡韵女士演王春娥，卢妈妈李桂芬演老薛保，我的小倚哥是卢妈妈帮我说了一个星期的“专锅”，演毕，父亲说了句“还行”。《三娘教子》前面是卢姐的《二本虹霓关》，父亲看了说“教的都学会了，也有天分，但还没到家。”在那之后，我正式“双下锅”了。卢姐继续学业。

1947 年，她们母女要离开我们去美国檀香山，难依难舍，我们全家去码头送行，连俞妈都去送了。我把长辈过年时给我的压岁钱，积攒起来的全部财产五美金塞她手里，什么话也不说了。

卢燕一生要强，又谦和不争，很像我父亲，可能就是那九年之中养成的。

20世纪80年代初，在香港她和俞五爷（振飞）合作的昆曲《游园惊梦》。事后俞老说：“文化底子好，有书卷气，不一样。”在我们圈内，俞老能那么说，该是什么份量？！这事前后，她又演了白先勇先生小说改编的舞台剧《游园惊梦》，整部剧的昆曲和话剧完美结合，凸显了良好的传统基础和昆曲基本功。在表演领域里，真正做到了将中西两种文化，不露痕迹地融会贯通。卢燕这一套表演的规矩，对京剧在当今的继承和发展是有用的。上电视把她作为明星去制造气氛，并不重要，也不要去累着她了。

卢燕从 1975 年得金马奖的电影《倾国倾城》，到 2008 年在国家大剧院演出的话剧《德龄与慈禧》，她演活了慈禧这个人物。我想这和卢姐在我家的成长不无关系，对旗人的生活习性、语言方式和特有的宫眷气息都潜移默化于自身，这种文化的沉淀绝非一日之功，再加上她极端敬业的工作态度，很像我父亲，令人钦佩。

卢姐姐老了。戏里戏外几十年了，阅尽繁华勘破梦，谁也说不清是戏里的“她”活色生香，还是戏外的“她”愈久弥香。她在我们家时的名字原来就是卢燕香。

# 卢燕：追逐梦想，永远不会太迟

任仲伦

2024 年龙年春节，我托人给远在美国的卢燕老师送去新年祝福。不久她发来了特意录制的视频，她穿着喜庆的红色衣裳，神采奕奕，用上海话说："我蛮好。吃得落睡得着，还在翻译一些剧本。想念上海朋友们！希望再能为电影做点事情。"话语殷殷，温暖人心。

过了一月有余，3 月 28 日，胡玫导演邀请我去观摩她的新片《红楼梦》试映。在银幕上再次看到卢燕老师的表演，感觉特别的惊喜与钦佩。她饰演的是贾母，贾母是《红楼梦》中的枢纽人物，也是核心形象。她既是宝黛本性的护卫者，也是宝黛悲剧的酿造者，人物性格复杂。卢燕老师的表演真切而且贴切，银幕上几个关键眼神的运用，分别呈现这位"老祖宗"的宠溺之情、果敢之力、无奈之心等，她表演的不是符号而是人物，淋漓尽致，富有层次。

最初认识卢燕老师是从银幕开始的。当年我在高校讲授电影，观摩了许多中外电影，包括卢燕老师演出的影片。卢燕老师在表演艺术上是卓有成就的。她的创作起步于美国，最早是 1958 年参与拍摄电影《飞虎娇娃》。在当时的美国电影圈，华人演员的生存境遇并不理想，华人形象也时常被曲解，卢燕老师坚持塑造着华人女性的真实形象。后来卢燕老师跨越中美，拍摄了许多华语电影。其电影表演历时七十余年，塑造了许多优秀的女性形象，为大家赞赏与喜爱。她的表演风格优雅但不柔弱、文雅而有英气，擅长在细微处展现人物内心，颇得银幕表演的"微相"魅力。她凭借在《董夫人》《倾国倾城》等影片中的出色表演，先后两次获得金马奖最佳女主角奖，后来还出演《末代皇帝》中的慈禧，给人留下深刻印象。卢燕老师获得许多重要的国际奖项，功成名就，她"大女主"能演，"小角色"也愿演。记得 2007 年我和李安导演合作拍摄《色・戒》，邀请她扮演舅妈牌友，她欣然答应。一组镜头，几句台词，“邻家太太”的上海腔调跃然银幕。“小角色”要能被观众记住，靠的是真本事。优秀演员不抢镜头，而被镜头所抢——镜头会找到“最有戏”的演员，哪怕是短短的表演瞬间。

卢燕老师是热爱电影的。其实她何止是爱电影，她是信仰电影，或者说，她把电影当信仰。信仰是无敌的。只要有戏演，她就去演；只要演了，就用心演好。主演如此，配角也是如此；过去如此，现在也是如此。所以说，她不在意角色大小，不在意名利得失，这就是她的人品与艺品，也是大家对她尊敬之处。陈冲说：卢燕是她唯一见过的拿着一个箱子就走遍世界的女人。哪里有戏，她就去哪里拍。艺术家的本职使然，也是艺术家的品德使然。2003 年卢燕老师担任上海交大美国电影研究中心主任，2004 年我就读过卢燕老师与李亦中教授主编的《隔洋观景：好莱坞镜像纵横》一书，这是国家开放后较早介绍当年美国电影，尤其是美国商业电影的论述。在此前的几十年期间，我们的电影前受苏联电影的影响，蒙太奇与斯坦尼斯拉夫体系等云云；后又受西方现代电影的影响，意识流与存在主义等风行，其中遗漏了有关好莱坞电影产业与商业的介绍。《隔洋观景：好莱坞镜像纵横》的推出，算是拾遗补缺，对以后逐渐兴起的电影产业化是有价值的。卢燕老师也是上海国际电影节的“常任”嘉宾，从 1993 年第一届电影节开始她就参加了，以后是有请就到。除了红地毯上的隆重亮相，她还参加各种论坛或其他电影活动，或者讲述自己的电影心路，或者倾听别人的电影经验，总想在彼此交流中获得教益，对她、对别人都是收获满满。

卢燕老师温润如玉，待人接物富有人性温暖。她看重情谊，尊重朋友，许多华语导演和演员最初闯荡好莱坞，她都尽心尽力提携。2009 年我带上影团队访问美国，从纽约到洛杉矶，“旋风”般访问各大影业公司，与美国篮球协会主席大卫·斯特恩谈电影《神奇》的合作，我们提出让美国篮球明星出演片中主角，后来我们如愿请来皮蓬、霍华德、安东尼等大腕球星；与全球技术顶流公司 Technicolor 合作，发起成立上影特艺公司，等等。行程满满，马不停蹄。卢燕老师听说我们到了，她提前来到我们入住的宾馆大堂静静等待晚归的我们，直到 洛杉矶满城灯火亮起，然后她亲自开车，接我们到山顶用餐，说是要奖励我们“为电影的努力”。路上我坐在副驾驶座，看着山路弯曲，路灯稀落，直到她稳稳地停在餐厅门口。我们都钦佩她的真情与车技。我问：“平时都是你自己开车？”她说：“我自己开车。在洛杉矶不会开车等于没有腿，寸步难行。”当时她已经八十多岁了。2010 年我们在美国夏威夷电影节上举办“上海电影周”，她专程从洛杉矶飞过来，并真诚祝贺我被授予该电影节颁发的“杰出电影领袖奖”。你可以感受到她由衷地为朋友获得的点滴成绩而高兴，这是她的人格魅力。她说夏威夷大学也是她的母校，她喜欢夏威夷的阳光与椰树。

人的一生能够找到自己喜欢的职业是幸运的，更是幸福的。卢燕老师找到了自己所钟爱的电影表演艺术，还有舞台表演艺术，几十年如一日，不忘初心，孜孜不倦，直至如今，我们依然还在银幕上看到她塑造的形象，还闪耀着光亮。她应该是格外幸福的，我们自然是格外钦佩的。她曾说过：追逐梦想，永远不会太迟。卢燕老师即是成功的典范。

# 永远年轻的“卢阿姨”

胡雪桦

“卢阿姨”一直是我对表演艺术家卢燕的尊称。卢阿姨是我父亲的朋友，我的长辈。她看着我从青涩之年转眼到了知天命的年龄。时光如梭，可在卢阿姨眼中，我总是那个还在成长的孩子；我也看到满头黑发的卢阿姨变成了白发苍苍“卢奶奶”，可在我心目中她一直是那个慈母般温暖的卢阿姨。

## 一

记得第一次同卢阿姨说话是近三十年前一个冬日的下午。那时，我住在纽约。电话铃响，一个非常好听的成熟女声：“May I speak to Sherwood Hu?” “ This is he.”我回答。对方马上用标准的国语说：“啊，雪桦。我是卢燕。”好不亲切！异国他乡听到用母语叫自己的名字，有一种无比的温馨。我们聊了很久，她告诉我是从我父亲那里知道了我的电话。还兴奋地说她刚从上海回到洛杉矶，行前看了话剧《中国梦》，是黄佐临先生请她看的戏。她告诉黄先生，很喜欢这台演出，夸赞演出很创新。后来，才了解到这台戏是由我执导的，并获知我已在纽约。她一再嘱咐我，若到洛杉矶一定要住她家。终于，有一天卢阿姨告诉我，她到纽约来了。我们约在第九大道上的一家饭馆午餐。那是个周末，我提前到了餐馆。可是左等右等，却不见她的踪影。看着窗外的深秋落叶，生出很多疑问和担忧。晚上回家接到卢阿姨打来的电话，才知道这个门牌有楼上和楼下两家餐馆。我在楼下，她在楼上。中午她也等了我很久。第二天，她就要回洛杉矶了。就这样，那次我们在纽约终于没有见面，心中很是遗憾。可人的相遇和分离，都是命中注定。人生初见，何事秋风。我们在纽约的完美错过，几乎也预兆着日后我们非同一般的缘分和情义。

得知父亲去世的那天，我给卢阿姨报丧。电话这头我在默泣，那头是无声……依稀一个哽咽的声音传来：“雪桦，今后我的家就是你的家。我和黄伯伯都是你的亲人！”……轻轻的话语温暖了我冰冷绝望的心。今日想来，仍让我从心底里涌起阵阵颤动。

不久我离开纽约去夏威夷大学攻读博士学位。不少朋友都劝我不要去，当时我在电视台有个不错的工作，纽约又是一个充满激情的城市。谭盾劝我说，他的一个朋友去夏威夷读书不多久就“逃”回来了。考虑再三，我还是决定去。因为，父亲去世前不久，我在长途电话里告诉他，夏威夷大学录取我读博士了。他在电话里连说了三个“好！”作为对英年早逝父亲的承诺，我必须去。我打电话告诉卢阿姨我的决定。她说：“好啊！我也是夏威夷大学毕业的。你一去，我们就成校友了。你会喜欢夏威夷！”除了妹妹雪莲，她和黄伯伯是首先到夏威夷看我的人。那年，我在夏威夷著名的钻石剧院演出《蝴蝶君》，他们从洛杉矶赶来看首演。演出结束，观众沸腾了，谢幕持续了很久。我向观众介绍了远道而来的卢阿姨和黄伯伯。夏威夷的不少观众都认识“Lisa Lu”。卢阿姨一家在檀香山住了许多年，她的三个孩子都是在这里出生。所以，她对夏威夷也很有感情。在后台休息室，卢阿姨拉着我说，我知道你是一个好导演，没想到还是一个好演员。她还认真地给我纠正了一个发音“Idiot”，让我把重音放在“I”上。那两天，我们一起吃饭、游玩、聊天。我才知道，她的大女儿汉琪是百老汇这部戏的作曲，其中那段精彩的琵琶就是她弹的。我还带他们到夏威夷大学的校区故地重游。卢阿姨告诉我，当年，她还在学校的图书馆工作过。行前，他俩又看了一场演出。我问她，那个字念得是否符合要求了？她笑着说，Perfect！完美！后来，我创作的一台舞台剧《王子兰陵传奇》到拉斯维加斯演出，卢阿姨和黄伯伯又专程来看。看完戏，她给我一个大大的拥抱，“你是能编能导能演啊”！我问她，这台用 Gibberish（编出来的语言）能看明白吗？她和黄伯伯异口同声说，明白。卢阿姨还说，这台戏很有创意，要想办法再做美国巡回演出。结束了夏威夷和拉斯维加斯的演出，这台戏就再也没有演出过，可是电影《兰陵王》的诞生，却是因为有了这台戏。

二

在夏威夷大学读完博士后，我在回纽约做戏剧还是到洛杉矶做电影之间犹豫不决，便给卢阿姨打电话咨询。她说，每一行只要做得好，都是好事！戏剧你有基础，电影是个大有发展的专业，你又有兴趣。你不妨到纽约和洛杉矶分别看一下后，再做决定不迟。我回到纽约，看了好几台百老汇的演出。四年过去，看到一些非常出色的朋友仍然在 99 人的剧院“苦干”，心里不禁一阵唏嘘。到洛杉矶，我首先拜访了卢阿姨。她的家坐落在一个山坡上，离好莱坞大道上的“中国剧院”不远。这是一座二层楼西班牙式的别墅，门前院子里的几棵橘树和柠檬树上，结满一黄一橙的硕果。卢阿姨把我带到客厅，家里墙壁上有不少漂亮的字画。其中一张是张大千的泼彩山水画，题为“翠岭晴云”，层次分明的绿色占据画作中间，上下两边是黑白两色的群山和树丛，特别传神；另一面墙上是卢阿姨母亲著名女老生李桂芬的照片，她曾被誉为“须生泰斗”，与谭小培齐名，和梅兰芳的太太福芝芳是好姐妹，当年梅夫人曾搭她的戏班。后来，母女俩到上海寄居梅先生家。耳闻目染的童年使她潜移默化地受前辈大师们的影响，记得看史依弘的《刺虎》时，她悄悄地告诉我，她小时候趴在剧院的台前看了梅兰芳先生的这出戏。可惜她母亲认为她嗓子不好，不让她学戏。可她二十岁移居美国后，仍然放不下心中的艺术梦想，终于还是在好莱坞成了出色的演员。壁炉上面放着的一座座奖杯，其中有两头“金马”，是她在电影《倾国倾城》和《董夫人》中的出色表演获得的最佳女主角奖杯。那天，在卢阿姨家小坐后，她就带我到比弗利大道和道赫尼口的奥斯卡总部电影院看电影，记得看的是新版的《超人》。在洛杉矶的一周里，我看到电影工业的活力，我告诉卢阿姨，毕业后我要到好莱坞追求我的梦想。她说，你的决定会让你父亲高兴的。

搬到洛杉矶后，没想到第一个星期就遇到了百年一遇的1994年1月17日大地震。那天凌晨，我在睡梦中被床的晃动惊醒。可是，身体却不能动弹，感觉天花板会随时倾压下来。脑海里闪出一个念头，难道还没开始就要结束吗？不行！等到震颤的间隙，我马上起床，一片漆黑中，摸索出了公寓的门。我住三楼，电梯一定没有了，完全凭借着印象一步一步摸到紧急出口下楼。下楼后，发现我是第一个走出楼房的人。第二个出来的人是我们这栋楼的西班牙裔女经理，她一把抱住我，大哭着喊道：地震了，地震了！完全没有了平时的矜持。楼里的住客都出来了，有的还光着身子。我们聚在了游泳池的四周，池子里的水已经被晃出了一半。大家在黑暗中等待天明。地震仍在持续，等到天亮才完全停住。我给卢阿姨打了电话，她让我马上搬到她家住。在这段特殊的日子里，卢阿姨和黄伯伯无微不至的照顾让我至今难忘。卢阿姨烧得一手好菜，本帮菜风格，腌笃鲜、红烧肉、狮子头、炒青菜样样好吃。那年，院子里的橘子和柠檬长得特别好，我和黄伯伯一起摘采，我负责上树，黄伯伯在树下收集，卢阿姨不时出来“督战”，还告诉我要采一些带绿叶的。后来，卢阿姨在分那些橘子和柠檬时，才知道带绿叶的橘子柠檬放在篮子里送人好看。

正是奥斯卡的选片时段，卢阿姨带我看了不少入围的电影。那一年好电影特别多，包括《霸王别姬》《喜宴》《四千金的情人》《辛德勒名单》《钢琴课》等。临近颁奖，卢阿姨带我去了不少酒会，其中外语片的发布酒会是在奥斯卡的总部大厅，正好我妈和弟妹都来洛杉矶，卢阿姨也邀请他们一起参加。见到了陈凯歌，他是我在空政时参加的第一部电视剧《强行起飞》的导演，摄影是张艺谋，美术何群，当时他们刚拍完《黄土地》。李安走到我面前说，还记得我吗？我看过你在纽约排的《傅雷和傅聪》。我说，当然记得，李安！我还告诉他对《喜宴》的喜爱，俩人相见甚欢。几天后，卢阿姨设家宴，凯歌、邬君梅和我都在。卢阿姨亲自主勺，烧了一桌的好菜。吃得我们几个连声叫好。凯歌还吟了两句《红楼梦》的诗句，“对兹佳品酬佳节，桂拂清风菊带霜”。大家兴高采烈，认为《霸王别姬》这次有点“囊中取物”之势，应该是奥斯卡“外语片”中的最强的电影。卢阿姨高兴，还哼了一句京剧《霸王别姬》中的“看大王在帐中和衣睡稳……”原汁原味！可惜几天后西班牙电影《四千金的情人》得奖。我至今认为《霸王别姬》高出几个档次。那几天，卢阿姨不开心，她也认为《霸王别姬》应该得奖。奥斯卡过后，卢阿姨、黄伯伯和我开车到拉斯维加斯散心。离开拉斯维加斯，我们驱车到旧金山探望住在伯克利的一个老朋友，说是在上海就认识了。老先生拉得一手好京胡，卢阿姨唱了一段梅派名段，韵味儿十足。非常幸运，那是唯一一次听到卢阿姨唱青衣，之后她就唱老生了。这趟旅行，我对卢阿姨和黄伯伯有了进一步的了解，黄伯伯身患癌症数年，卢阿姨潜心照顾，形影不离，俩人相敬相爱相濡以沫，良好的心态让黄伯伯完全看不出是个病人。

之后，我接到空政战友、著名编剧王培公的电话，他让我到北京商量一个关于杨丽萍的电影。后来，就有了电影《兰陵王》的启动。卢阿姨向我推荐刚获得奥斯卡摄影奖提名的顾长卫。我与长卫 80 年代末在纽约就认识了，他当时住在谭盾那里，我在一家电视台当新闻摄影，我俩还一起为谭盾的音乐《九歌》拍过录像和剧照。他对我讲过一句话，至今难忘："拍电影不在早也不在晚，不在多也不在少，就在好！"我给长卫打了电话，请他为我的第一部电影掌机，长卫一口就答应了，并告诉我卢阿姨已经同他说过。呵，原来卢阿姨已经悄悄地做过工作了。其实，我们这些来自中国的电影人，像陈冲、邬君梅、陈凯歌、李安等，都不同程度上都受到过卢阿姨的恩惠，包括一些到好莱坞来学习电影的年轻学子都把她的家当成一个中转的驿站，也有长期住在她家的。

我向制片方建议请卢阿姨做这部电影的监制，他们欣然同意。卢阿姨嘱咐我看一下上海京剧院的年轻女演员史敏，说她的《白蛇传》美得让人吃惊。那天，我和制片人到汾阳路京剧院找她，在剧院门前，看见一个身着白色连衣裙的美少女骑着一辆助动车飘然而过。我们告知传达室门卫，想找一个叫史敏的演员。他说，就是刚出门那个白衣女孩……虽然《兰陵王》我们没有合作成，数年后却合作了新编京剧《新龙门客栈》和纽约大都会版《霸王别姬》，都是后话。那年九月底，《兰陵王》

如期在丽江开拍，一个月后，卢阿姨出现在拍摄现场。她从洛杉矶出发，到昆明转大理后，还要坐一夜的扬州卧铺才到丽江。可她一到，马上就来剧组探望大家。那天在海子坝拍摄，海拔有3400多米，年轻人上山都会缺氧，更何况卢阿姨那年已经年近七十。她穿着一件剧组的“标配军大衣”，喘着气，一脸兴奋，“我到过西藏，这里海拔不算高”。她拉着我左看右看，说我黑了、瘦了、头发长了。我请她坐到了我的导演椅上，把杨丽萍、宁静和王学圻等一一介绍给她。拍摄间隙，我带她去拜访了当地的大名人宣科，听了纳西古乐。没想到二十多年后的2017年，那个卢阿姨十分喜爱的“史敏”，如今已是京剧表演艺术家“史依弘”，带着九十岁的她重游丽江，避雨时，竟然在宣科的屋檐之下。

卢阿姨离开丽江的时候带了一些剧照，她说经过香港要给李瀚祥导演看。不久，我们组的斯泰尼康摄影师林永泰回到香港后，给我发来一个传真，是李导演给《大公报》写的一篇文章，题为《三寸之画》。文中说，他看到剧照十分兴奋，以古代文人品画只需看三寸就能知晓“品相”为例，认为必是一部好电影，假以时日导演前途不可限量。电影完成后的第二年，我回到洛杉矶，卢阿姨带我到导演罗马家晚宴。他们同李翰祥导演通国际长途，讲了一会儿后，卢阿姨把话筒给我说，李大导演想同你说话。电话那头的李翰祥导演声音爽朗，告诉我，他看了《兰陵王》，很喜欢。还特别说，雪桦你有戏剧功力！我说，我是学戏剧出身的。还感谢他写的那篇文章。他有点得意地说，老夫没有看错！这是我同李大导演的唯一一次对话。卢阿姨还把我介绍给了很多著名电影人。著名导演科波拉就是看了《兰陵王》后，邀我给他的公司拍了我的第一部英文电影《夏威夷传奇》（Lani Loa-The Passage）。

三

进入新世纪，在卢阿姨的协助下，上海交通大学成立了“美国电影艺术研究中心”，她把一辈子留存的有关电影的“宝物”都无偿捐给了母校，还成立了“卢燕奖学金”支助到美国学习电影的学生。我为中央台拍完四十集电视剧《紫玉金砂》后，又在西藏拍了电影《喜马拉雅王子》。电影完成后，在上影老楼的放映室为卢阿姨和谢晋导演专场放映，谢大导演看后十分兴奋地说，这部电影拍得好！我拍不出，张艺谋陈凯歌也拍不出。你真大胆，太有想法！他的一番话讲得我不好意思。谢导又说，我要再看一遍，与普通观众一起看。可惜你爸不在了……他与我父亲是南京国立剧专的同学。那天，两位老人都非常高兴，在放映室聊了很久。

除了在电影方面的成就，卢阿姨也是一个出色的舞台剧演员。2008 年，香港话剧团到北京演出《德龄与慈禧》，导演是杨世彭，卢燕饰演慈禧，曾江饰演荣禄，毛俊辉饰演光绪，黄慧慈饰演德龄。7 月 5 日，卢阿姨给我和黄宗江大师留了票。那天，我到八一厂接了宗江前辈。一路上，黄老兴奋得如同小孩过节。我扶着他走进了新落成的国家大剧院戏剧厅，早早坐在了剧场里，等待卢阿姨粉墨登场。《德龄与慈禧》出乎意料的好！卢阿姨把“慈禧”演得惟妙惟肖，这是她继电影《倾国倾城》《瀛台泣血》《末代皇帝》后，第四次演这个角色了。导演杨世彭曾是香港沪话剧团的艺术总监，排过我父亲的遗作《傅雷与傅聪》。《德龄与慈禧》排得大气干净，舞美简洁洗练，特别是演员的表演令人难忘，而卢阿姨的“慈禧”更是光彩照人！演出结束，我请大家宵夜，饭桌上，黄宗江老前辈眼里闪着光芒，对演出评价甚高，对卢阿姨的表演更是大加赞赏，他笑眯眯地说："祝黄宗燕演出成功！"大家有些疑惑，还是举杯庆贺。卢阿姨微微欠身，"宗江大哥过奖了！过奖了！谢谢大家"！我自然知道，卢阿姨与黄家关系甚好，被认作"黄家"一员，就有了"宗燕"一说。没想到，十一年后（2019 年 9 月 16 日）再次在北京保利剧院看了这台戏。

国庆前夕，卢阿姨先是在国家大剧院第五次看了由史依弘主演、我导演的《新龙门客栈》，然后，邀请我们看《德龄与慈禧》。濮存昕演光绪，德龄还是黄慧慈，主创团队是天津人民艺术剧院。卢阿姨风采不减当年，92 岁高龄，一招一式、一投足一眼神俨然是"老佛爷"再世。可惜，宗江前辈已经作古。演出结束，我到后台祝贺，看到了"瘸了一条腿的"江珊在卢阿姨的化妆室里，她也是"慈禧"的扮演者。这两位"慈禧"的相识还是我介绍的。2018 年的春节我到洛杉矶同卢阿姨和妹妹雪莲一起过年，这已经是我们数年的一个约定俗成的一个仪式。那年，正好江珊和她女儿在洛杉矶，我把大家约在了好莱坞的 Tao Asian Bistro。卢阿姨一见江珊就很喜欢，大家都觉得他们两人还有点像，说今后有机会可以演一对母女。半年后，江珊给我发了一条信息："我和卢燕阿姨在一个话剧剧组，虽然很遗憾没有办法与她同台有对手戏，但我俩演的是同一个角色！这也是天大的缘分了！好开心！卢燕阿姨还说，她记得咱们去年一起吃饭时聊到让我演她年轻的时候，老人家这个记忆力，无敌！"一周后，江珊邀请我在上海大剧院看她的"慈禧"，我陪卢阿姨坐在大剧院的贵宾座位，有些担心扭伤脚的江珊，但舞台上的"慈禧"完全看不出一周前还拄着拐棍。看戏的过程里，卢阿姨不断地夸江珊的戏，我看出她对江珊由衷地喜爱。谢幕时，江珊特别感谢了坐在观众席里的卢阿姨，观众给予了暴风雨般的掌声！这是对两代

“慈禧”扮演者“艺”的赞誉，“德”的欢呼，也是为见证话剧舞台上两代人的传承接力的庆贺！

其实，“传承”这件事，卢阿姨从1960年在好莱坞拍摄《山路》开始，就单枪匹马默默地做了，传承着中国文化、中国人的精神。当年好莱坞几乎所有东方女角色的戏，首先会想到她。可她觉得好莱坞电影里对中国角色的苍白和丑化无疑来自对中国文化的无知和曲解，因而，力所能及地宣传中华文化，并注重中美文化交流。她把经典京剧《拾玉镯》《武家坡》《打渔杀家》《汾河湾》和《蝴蝶梦》译成英文，出版了英文著作《京剧选译》；还把《洋麻将》和《总统套房》译成中文，分别在北京人民艺术剧院（于是之、朱琳）和上海人民艺术剧院（魏启明、卢燕）演出；并参与了多部中国电影和美国电影的拍摄，刻画了正面的华人形象；她还三次进藏，在高海拔的喜马拉雅山脉拍摄了反映新中国成立后西藏人民日常生活的系列电视片，获得了纽约第28届国际电影电视节铜牌奖以及奥斯卡纪录片提名；除此之外，她还在《环球银幕》撰稿介绍好莱坞新片和好莱坞导演；每年的金球奖和奥斯卡只要有华语电影参与，她就竭尽全力给予帮助，其中，包括获奖电影《卧虎藏龙》。

卢阿姨是个内心十分强大的人，对人宽容，对己严格，对亲人充满了爱。几十年里她与黄伯伯举案齐眉、相敬相爱，终于，黄伯伯在与病魔抗争11年后，撇下她，一人安详地走了。我从上海回到洛杉矶正好赶上了黄伯伯的葬礼。葬礼是在好莱坞一个幽静的殡仪馆里举行，花园里盛开着各色的花朵。不大的房间里放着悦耳的音乐，卢阿姨一家和亲朋好友静静地聚集在西班牙式的空间。出乎我的意料，卢阿姨一身黑衣平静地接待着大家。她紧紧地拥抱了我，在我耳边说了一句，锡琳知道你赶来会很高兴……那天的仪式很简洁，卢阿姨用英文致辞，她感谢了黄伯伯对家庭的爱和贡献，也特别感谢了黄伯伯对她演事业的一如既往的支持。

九十多岁的她仍然活跃在银幕和舞台上。电影《摘金奇缘》《红楼梦》，话剧《德龄与慈禧》《如梦之梦》等都有她出色的表演。记得 2016 年 2 月 21 日那天我回上海的第一件事，就是从浦东机场带着行李赶到东方艺术中心看《如梦之梦》。我很吃惊，她饰演的“顾香兰”竟然有那么多的台词，整个戏是女主角的回忆，所以，很多戏是“独白”，这对一个九旬老人是何等的挑战。可是，卢阿姨操着地道的上海话、普通话、英语在舞台上如行云流水，让这台演出徒生质感、满台生辉。难怪导演赖声川请她出山，除了卢阿姨是他父亲的老友看他长大的原因之外，卢阿姨赋予这台演出的年代感，是其他任何演员“演”不出来的。演出结束后，在后台的过道里，正好碰到年轻的“顾兰香”许晴，她看到我吃惊地：“你这么又来看了？”三年前这个戏北京首演时，她请我看过。我告诉她，卢阿姨请我看戏，一下飞机就赶来了。她说，卢奶奶的戏太好了！值得！一年后，卢阿姨也是从机场提着行李赶到美琪大戏院看我导演的话剧《狗魅 Sylvia》（金星、关栋天主演）。她对我说，你的戏，我都要看。京剧《新龙门客栈》（史依弘主演）北京上海两地彩排加演出，她竟然看了五遍，还力荐到纽约演出。说，这个戏到百老汇可以演十年……是啊，1987 年在上海看《中国梦》、1990 年在夏威夷看《蝴蝶君》、1993 年在拉斯维加斯看《兰陵传奇》，以及我的每一部电影，她都是最先睹为快的“忠实观众”。于我而言，却是学生给老师交作业一般“忐忑”。她还在电影《神奇》里与我“同框出境”。看《上海王》时，她对曹可凡说，你的“师爷”有上海味道，可惜，我不在片子里。接着，卢阿姨对我说，以后，你的每一部片子，我都要留一个镜头。“老佛爷”的圣旨，对我是何等的鼓励啊！

2019 年 5 月 13 日中央电视台为卢阿姨特别制作了《向经典致敬》。录影的三天前，卢阿姨从北京给我电话，请我参加录制。那天我刚从上海飞抵洛杉矶。没有太多的犹豫，我调整了工作时间，因为，九十二岁的卢阿姨已如同我的亲人一样！为一个国宝级的艺术家十天内在太平洋上空飞两个来回，值得！录制那天，我从洛杉矶准时赶到北京。当卢阿姨在演播室看见我出现时，十分激动。她拉着我的手说：“太辛苦你了！雪桦。我们不是亲人胜似亲人。”我说，“卢阿姨，您就是我的亲人！”

那天的节目录得十分顺利，卢阿姨和依弘还唱了《四郎探母》名段，操琴的是著名京胡琴师燕守平。我讲到了文化传播往往是通过一个人、一幅画、一首歌、一部小说、一个展览、一部电影、一台戏剧来完成的。这几十年卢阿姨一直默默地耕耘，她对中国电影和中国文化在美国的传播以及对人才的培养作出了重要贡献。她在身体力行与外国人接触过程中，让他们感受到了中国传统文化的优雅和礼仪，这也是梅家的文化在她身上的传承。卢阿姨把传统的美感与现代的表演完美地结合起来，产生了她在银幕和舞台上的独特的东方女子魅力。文章做到极时，无有他奇，只有恰好；做人做到极时，无有他奇，只有本然。卢阿姨的优雅善良来自她的内心深处的本然，也让她始终对生活充满纯真的热情和无数的问询。她旺盛的生命力令人感叹、令人欣喜、令人爱戴。双燕复双燕，双飞令人羡。永远的卢阿姨，对艺术的热爱，对生活的坦然，让生命成双……

# 追梦赤子心

（卢燕 在上海交通大学 2014 届本科生毕业典礼上的发言）

尊敬的姜斯宪书记、张杰校长，亲爱的学弟学妹们：

大家好！

非常荣幸受邀出席母校 2014 届本科生毕业典礼，并作为校友代表发言。看过刚才那段视频，我很感动，那些青葱的美好岁月，那些难以忘怀的一次次体验、失去和收获，铅华洗尽，虽然沉淀下的是白发苍苍、步履蹒跚，我希望仍然能继续自信从容地迈进。

几个月前张杰校长邀请我在毕业典礼上代表校友发言，欣喜之余更是心怀忐忑。我曾登上很多的舞台、领奖台，也曾站在哈佛大学、斯坦福大学的演讲台上，但是今天，此时此刻，站在这里，我感到在我八十八年的人生历程，这是最大的荣耀。

站在这里，与其说和年轻的学弟学妹们分享所谓成功的经验，莫不如说和同学们共享对人生的感悟，对于梦想、对于选择的理解和坚持。

为了实现家人寄予我成为一位银行家的梦想，高中毕业，我考进了交通大学财务管理系，尽管我非常努力地学习专业知识，但是最让我快乐和难忘的还是课余和同学们排戏、演出的时光。1945 年，抗日战争终于迎来了最后的胜利。1947 年，还没毕业的我和母亲远渡重洋和姐姐一家团聚，希望在大洋彼岸继续我的学业，可惜事与愿违，在异国他乡，在生存面前，菁菁校园、朗朗书声只能是一个美好的祈愿。我做过图书馆的管理员、报馆的记者、华侨小学的中文教师、实验室的化验员、军官学校的中文教师，直到我在檀香山最大的医院找到了一份出纳的工作，总算是专业对口了。凭借在交大读书时学到的知识，加之中国人先天的勤奋和投入，四年时间我便升任为医院的财务总监，那个时候的我，已经是三个孩子的母亲，有自己的事业，相夫教子，把少时的梦想、对表演的热爱，压在心底，我曾经认为我的人生就这样定格了。但是我不甘心，越来越觉得这样的日子没有法子激起我奋发的意志，无法带给我由衷的快乐，我决意做出改变。

选择是瞬时的，选择的过程是纠结的，然而所追求的改变却是恒远的。

所以在这里，我想和同学们分享的第一句话就是：追逐梦想，永远不会太迟。

在我而立之年，再去修读戏剧专业，走上演艺之路，在很多人看来，都不可能。如果因为不能马上看到希望的曙光，还没有尝试就放弃了你的追求，那一定会抱憾终身。与其在垂暮之时唏嘘感叹，不如立足当下，行动起来！常常很多人问我，耄耋之年为什么还要如此奔波？其实他们多虑了，因为有兴趣和爱好在，追求的过程中很自然地会获得一种满足、欣慰、快乐和充实的感觉。我期望在座的同学们，可以去追逐一份你爱好的，给予你乐趣的工作、让你不想退休的事业，那么，你的人生必定是快乐的。而快乐不正是成功的标志之一吗？

作为一名演员，我的合作者们常常觉得我太过执着，一遍一遍地拿捏、揣摩，直到自认是最完美的呈现。在我看来，追求完美，永无止境。这也是我想和同学们分享的第二句话。

少时的我，和母亲寄住在梅兰芳先生家里，我的父亲早逝，在我成长的过程中，梅先生对我的影响很大。那段时光，正是梅先生为表达抗日之心，蓄须明志、赋闲在家的时候。他见我一遍又一遍听他的唱片，对京剧昆曲着迷，就主动教我学戏。尽管我没入梨园行，但是能够得到梅先生的指点，是我生命中的荣幸。十六岁那年，我和葆玖一起在上海黄金大戏院登台演出。我唱的是《二本虹霓关》，唱完回家以后，我向梅先生请教，他说："你做得很好，教你的身段都做了，就是不到家。"这句话深深触动了我，之后，我每每做事，都尽力追求完美，用梅先生的话说就是"追求到家"。

孔子说过，"取乎其上，得乎其中；取乎其中，得乎其下；取乎其下，则无所得矣"。在座的毕业同学们，未来的你们要成为学术大师，对科学的登攀，不追求完美，怎么能够拨云见日？未来的你们要成为治国英才，对社会的治理不追求完美，怎么能够造福一方？未来的你们要成为产业巨子，对创新的成果不追求完美，怎么能够立于不败之地呢？

这些年来，因为我做过的一些事，社会给了我莫大的褒奖。媒体界的朋友们谬赞我，说我是"中美文化交流的使者"。其实我不过是做了一些牵线搭桥的事情，搁在房屋买卖上的话就叫"中介"，搁在文化活动上就不同了，叫"使者"，顿时高雅了许多。当然，还是有本质区别的，前者有个人的利益和企图，后者则源自内心真诚的渴望。古语说：无欲则刚。仔细想来，我做的这些，本来不就是一个留恋故土的海外游子应该做的事、应有的担当吗？作为第一批在好莱坞闯荡的中国人，其中艰辛不言而喻。在西方镜头下的东方面孔，常常是身材矮小、学识浅薄、目无法纪、趋炎附势的化身。我所扮演的角色，总被要求按照他们所理解的"程式化"去表演，低眉顺目、扭捏作态，惶然不顾是否符合生活的真实。每次我都据理力争。此后，一旦有机会，我都不遗余力地去呼吁、呐喊，通过语言、文字、镜头等各种方式，传播中国优秀的传统文化，传播人类共通的真、善、美。

在座的同学们，你们中的很多人或将负笈海外，追求心中梦想。但是无论身在何处，请记住：不忘初心，方得始终。所以我想和同学们分享的第三句话是：无论身在何处，永葆赤子之心。

今天是同学们毕业的日子，是一个闪亮的日子，在这里，我想和同学们重温我们的校训“饮水思源、爱国荣校”，这句话多年来一直在我的心底激励着我，我相信，它也将激励未来的你和你们的未来。我更相信，你们的梦想将会让我们的中国之梦更加辉煌，你们的才华和追求，一定能承载中华民族的未来，你们的赤子之心将永不泯灭！

以上的三句话，是我人生甘苦的体验，是我送给大家的肺腑之言。

我入住的南苏园房间里，有一副南洋公学老校长叶恭绰的题字：“久历辛酸志始坚，丈夫玉碎愧砖全，我家遗法人知否，不给儿孙留美田。”希望同学们不但要做一个有志向的人，更要做一个爱国爱同胞、有中国魂、有正气的有德之人！

我祝你们成功！

# 后记

想说的话，好像前面都说完了，但又好像没说完。这辈子有两个字我永远都说不够，也说不完，那就是：感谢。

《燕归来》得以出版，我要感谢很多人。而这一切的缘分，都是源自我的母校上海交通大学。

约是十八年前，我跟文骥谈起了整理自传的想法，希望在交大找一个有才华的助手。她说我给你推荐一个人，她一定能帮到你。于是在熟识的领导牵线下，我暑期回国见到了薇薇，那时她还是一个二十多岁的年轻老师，我们一见如故。

在徐汇校园的伍舜德楼，我们朝夕相处了一个月，她启发我回忆，我口述，她整理。我欣赏她敏捷的思维和细腻的文笔，更惊叹她高效的行动力，七万字、八章节的《燕归来》已见雏形。薇薇曾多次问我，最希望通过这本书表达什么？是岁月的铺陈，还是人生的感悟？我想这应该是一本励志的书，尤其对于女性。我自觉不够聪慧，也缺少天赋，我的选择源于热爱，是热爱激励我一往无前、永不停歇；我也自觉不算成功，如果说是有一点小小的成绩，迈出的每一步靠的是勤奋踏实，用寄爹梅先生的话来说，就是把每一件事“做到家”。

那个暑假之后，《燕归来》不再是心里的一个期望，而有了实实在在的基础，我也更加有了动力，期待人生的故事可以更丰盈。在红华的助力下，我继续奔波于美国和中国各地，拍电影、拍电视剧、演话剧，出席各种社会活动，而薇薇也回到了她的工作轨道，我们会在每次见面时热烈分享，为彼此新的收获和成长而雀跃。

直到2019年，我结识了一位杰出的交大校友李霞女士，在她的提议下，我决心正式推动《燕归来》的出版。李霞是一名卓有成就的企业家和管理者，自告奋勇承担起项目总协调人的角色，还为这个项目提供了慷慨的经济资助。在她与学校积极沟通后，学校很快为这本传记的出版立了项。这期间，我们远隔重洋，一起熬过了三年的艰难岁月，沟通受阻、连线不畅、无法面谈。为了补充完善新的内容，李霞带领团队克服了许多难以想象的困难。疫情结束，中美航班逐渐恢复正常，李霞第一时间飞来洛杉矶探望我，为我带来了交大领导和校友的问候和期望，也带来了国内影视界朋友的祝福，让我感受到来自祖国、来自母校、来自同行们的温暖。

与李霞一同来的还有另一位优秀的交大校友刘雪慰女士，她受邀参与这本传记的最终文字编撰、后续部分的补充整理，以及图片与内容的校核工作。雪慰在国内一家著名商业媒体从事写作和编辑工作二十余年，之前还为上海电影译制厂兼职翻译过数十部电影，她的从业资历以及与我一起工作时表现出的专业素养和职业精神，让我倍感安心。当然，作为交大校友，她也对我这位老学姐给予了无限的关爱和体贴，为了不耗费我的体力和精力，传记成稿后，约莫有连续十天，她几乎每天都来我家，为我朗读书稿，以便我做最后的修改和确认。

为了这本书，我们组建了一个微信群“交大女生团”，我、李霞、薇薇和雪慰，“交大女生”的共同身份让我们跨越了年龄和距离的鸿沟，为了共同的目标携手前行。

李霞还为这个项目“贡献”了她可爱的女儿葛菁，葛菁是洛杉矶一所顶级艺术学院的学生，她在课余时间为这个传记项目做了大量协调和翻译工作，包括一些法律文本的翻译，据我所知，她的母亲并未付她薪水。葛菁为我们全家带来了很多欢乐，是我们的宠物狗 Puppie 最爱的姐姐。

我也特别感念交大各个时期的领导对我这本传记的重视，从马德秀书记、姜斯宪书记到杨振斌书记。搁置了这么久，他们始终没有放弃，一直通过各种方式温和地敦促我，让我感受到大家的期待和热望，让我觉得自己还欠着母校一份功课待交，人生也有了新的动力。

现在我这份功课终于可以交给母校了，我心里也踏实了，最终没辜负一辈子“好学生”的称号，也当得起校友们唤我一声“卢燕学姐”。

饮水思源，这是交大的校训，也是我一生的座右铭。

在写这本传记的过程中，回顾自己的一生，我内心充满感激之情。感谢我的父亲母亲和所有亲人，感谢寄爹梅兰芳先生、香妈福芝芳女士及梅家的亲人，在战乱和贫困的年代，他们为我这只小燕子构筑了安全又温馨的巢穴，让我衣食无忧、精神富足。

感谢我的丈夫黄锡琳，感谢在我们共同度过的半个多世纪的时光里，他予以我的温暖、陪伴和无私支持。我们生养了三个儿女，一起将他们教育成人，如今都在社会和各自家庭中承担责任，做出贡献。

感谢所有教过我的恩师，无论是在国内期间，幼稚园，小学、中学、大学的，还是到了美国后在夏威夷大学、帕萨迪纳戏剧学院的，他们中的一些人，我已经写在了书中。

我的长辈、丈夫、恩师们如今都已作古，我真希望他们在天国能读到这本书，我愿以此为寄，与他们在这些文字中一直相伴到永恒。只要爱的记忆还在，生命便不会消逝。

我还要感谢我这一路的合作伙伴们，中国的及世界各地的，与他们一起拍戏论戏，是件很过瘾的事，每次回想起我们在一起的那些个场景，我都会对自己说，与这些优秀的人一起搭档过，此生值得！

还有各位媒体朋友，也请接受我的致谢。在撰写这本传记时，你们在各时期的报道和采访为我提供了海量素材，为我这位耄耋之年的老太太减轻了不少记忆负担。重温你们文稿的过程，也是重忆我们短暂却隽永的友情的过程。在你们当年写下的文字中，我一次次又回到热血奔涌的过去，感觉自己又变年轻了。

最后，我想谢谢上海交通大学出版社，组织了包括彭亚星女士在内的强大编辑团队来设计制作这本传记，你们的用心和高效让我感动。

我常说，我这一生无怨无悔，但我始终不敢说自己无憾。如今，因为《燕归来》的出版，我终于可以说出，自己此生也算无憾了。

如此，教我如何不感谢从我这近一个世纪人生中经过的所有人？

卢 燕

2024 年 6 月于洛杉矶